世界著名自然科学家及科普知识系列丛书

MENJIELIEFU HE HUAXUE SHIJIE

门捷列夫

和

化学世界

王 菊 / 主编

山西出版传媒集团
山西教育出版社

图书在版编目（CIP）数据

门捷列夫和化学世界/王菊主编. —太原：山西教育出版社，2015.7
（2022.6 重印）
（世界著名自然科学家及科普知识系列丛书）
ISBN 978-7-5440-7733-0

Ⅰ．①门… Ⅱ．①王… Ⅲ．①门捷列夫，D. I.（1834~1907）
-生平事迹-青少年读物 ②化学-青少年读物 Ⅳ．①K835.
126. 13-49 ②06-49

中国版本图书馆 CIP 数据核字（2015）第 132552 号

门捷列夫和化学世界

责任编辑	姚吉祥	
复　审	彭琼梅	
终　审	郭志强	
装帧设计	薛　菲	
特约设计	周　璇	
印装监制	蔡　洁	

出版发行　山西出版传媒集团·山西教育出版社
　　　　　（太原市水西门街馒头巷 7 号　电话：0351-4729801　邮编：030002）
印　装　北京一鑫印务有限责任公司
开　本　670 毫米×960 毫米　1/16
印　张　12
字　数　108 千字
版　次　2015 年 7 月第 1 版　2022 年 6 月第 2 次印刷
印　数　3 001-6 000 册
书　号　ISBN　978-7-5440-7733-0
定　价　39.00 元

如发现印装质量问题，影响阅读，请与印刷厂联系调换。联系电话：010-61424266

前　言

　　无论什么时候，浩瀚的大自然总是能带给人类无穷的遐想。为了揭示大自然的奥秘，无数科学家进行了不懈的探索。他们的智慧，是点亮青少年心中希望的璀璨明灯，指引着他们的脚步向科学的更高峰攀登。

　　"世界著名自然科学家及科普知识系列丛书"就是我们为青少年朋友收集的珍贵的火种。

　　这套丛书共 5 册，精选了当今具有代表性的 5 位著名自然科学家，从不同的方面展现了这些伟大人物的优秀品格。从他们的成功之中，我们可以发现，智慧就蕴含在我们的日常生活之中，蕴含在被我们忽视的细节之中，蕴含在刻苦钻研之中，蕴含在对大自然奥秘的追求之中。

　　英国生物学家、进化论的奠基人达尔文，对动植物和地质结构等进行了大量的观察和采集，并出版了《物种起源》，提出了生物进化论学说。伽利略是意大利伟大的数学家、物理学家、天文学家，他发明了摆针和温度计，确立了自由落体定律。重视实践，尤其是科学实验是英国物理学家、化学家法拉第的特点，他的电磁感应定律奠定了电磁学的基础，改变了人类文明。俄国著名化学家门捷列夫发表了世界上第一份元素周期表，他还在气体定律、气象学、石油工业、农业化学、无烟火药、度量衡等领域不同程度地做出了成绩。德国著名数学家、物理学家、天文学家、大地测量学家高斯享有"数学王子"之称，他一生成就极为丰硕，以其名字"高斯"命名的成果达 110 个，属数学家之最。

从上述杰出人物的成就中，我们可以看到坚守的智慧，可以看到创新的精神，可以看到信仰的力量，可以看到执着的信念。在这 5 册书里，相信每一位青少年都能找到一座属于自己的灯塔，都能找到最适合自己的一个方向，都会增长自己某一方面的智慧。

科普知识涵盖科学领域的各个方面，无论是物理、化学、生物等专业学科，还是我们的日常生活，无不涉及科普知识。随着全球一体化的时代发展，加强科学技术普及教育，提高民族科学素养，已成为持续增强国家创新能力和国际竞争力的基础性工程。我们在介绍这 5 位著名科学家的同时，罗列了他们所研究和从事领域的科普知识，就是希望通过介绍自然科学和社会科学知识，推广科学技术的应用，倡导科学方法，传播科学思想，弘扬科学精神，激发青少年朋友学科学、爱科学、用科学的热情。

感谢这 5 位享誉全球的科学家为我们提供了如此丰富的精神食粮，也祝福读到这套书的青少年，愿你们能够以这些科学家为榜样，不畏艰难，勇于探索，追求真理，积极献身科学事业，树立为人类谋求幸福的伟大理想。

目　　录

第一章　追风少年

第二章　人在旅途

第三章　人在天涯

第四章　流光溢彩

第五章　最美的时光

第六章　生命的凯歌

科普小知识——化学世界

第一章

追 风 少 年

　　1907 年 2 月 9 日，天气异常寒冷，凛冽的北风在远处暗涌着，阳光还没有被彻底撕碎，冰雪在风里闪耀着苍白的光芒。轻薄的云，凝滞的时间，静默的夜，使得空气愈发的稀薄，气温骤降，黑纱笼罩着圣彼得堡的大街，明亮的华灯依然包裹不住哀伤，茫茫的天宇显得更加阴沉悲凉。上万群众汇成了一堵静默的、流动的人墙，没有花圈，没有挽联，没有奠词，大大的木牌见证了他们伟大儿子的一生。C（碳）、O（氧）、Fe（铁）、Zn（锌）等元素符号镶嵌在木牌上，它揭示了物质世界的秘密，把一些看来似乎互不相关的元素统一起来，组成了一个完整的自然体系。什么是天才？终身努力，便成天才！此格言被高高地举起，它如同一束光激励、鼓舞、照亮着有志之士前行。

　　请让我们铭记：19 世纪俄国最伟大的化学家德米特里·伊万诺维奇·门捷列夫。记住他的睿智，记住他的勤奋，记住他的快乐，记住他的博爱。

第一节 多彩的季节

19世纪的俄国,正是资本主义迅速发展的时期,生产的飞速发展,不断地对科学技术提出了新的要求,化学也同其他学科一样,取得了惊人的进展。

1834年2月7日的一个清晨,阳光洒满了西伯利亚的托博尔斯克市,空旷而又荒凉的西伯利亚平原张开她那枯干的双臂,迎接一个瘦弱的生命的到来。这个被亲人叫作"米佳"的婴儿,躺在母亲温暖的怀抱里,用那异常明亮的眼睛凝视着父亲、母亲以及爱他的家人,凝视着这片神奇的土地。

岁月无声地流逝,像一阵风,拂过布满褶皱的青潭绿水,捎带着稻香满溢的阵阵蛙声,摇落枝上金箔片片,掀舞漫天银花朵朵。暖风徐徐吹来,带着新生、发展、繁荣的信息。山下片片野花如云,青草、芦苇和红的、白的、紫的野花,被高悬在天空的一轮太阳蒸晒着,空气里充满了甜醉的气息。山谷里溪流旋转,奔腾跳跃,叮咚作响,银雾飞溅。到处都是生机,就连背阴处的薄冰下面,也流着水,也游着密密麻麻的小鱼。田里的春苗犹如嬉春的女子,恣意舞动着她们嫩绿的衣裳。河岸上的柳丝,刚透出鹅黄色的叶芽。林子的泥土夹杂着清新的气味，草叶慢慢地探头，在树根，在灌木丛，在人们的脚下，安静地蔓延着不为人知的浅绿。鸟雀飞鸣追逐，天是那么高那么蓝，看着看着，人的心也会觉得开阔起来。偶尔有只小鸟从天空飞过，会让你的心为之一颤。小米佳在酥酥软软的田野中追逐，闻着泥土的气息，湿润的空气滋润着他的身心，伴着大自然缤纷的色彩，他就像那一片叶子，一朵小花，一颗果实……融于四季的生命里。斗转星移，光阴流转，韶华如水。岁月如一指流沙，缓缓地在指尖流淌。大自然的灵动，人性的友善，让米佳深深地恋上了这片辽阔而又美丽的家园，他站在季节的边缘，走过小城的曲曲折折，天高地阔云水间，习惯了在淡淡的平凡中寻找真实的自我，倾听生命的呼唤，任指尖轻触时光，荡漾成温软的微笑与快乐，纵使模糊了时光，却典藏了生命中最纯真而又厚重的童年。

　　发源于乌拉尔山脉的托博尔河与从阿尔泰山脉奔流而来的额尔齐斯河，在西伯利亚汇合后，继续奔向北边更大的鄂毕河。河水汩汩流淌，滋润着土地，养育着小城上的百姓。像俄国的大部分地区一样，这里的气温较寒冷，夏天和秋天总是格外短暂，匆匆一瞥便了无踪迹，唯余茫茫白雪覆盖了一年中的大部分季节。当尖厉的寒风挟着飞雪野狼般呼啸时，小城便冬眠般沉寂在冰天雪地里了。

　　转眼之间，小米佳7岁了！

　　7岁的小米佳总是喜欢和父亲在一起聊天，喜欢听父亲讲小城的风土人情，更喜欢听父亲讲小城以外的故事。外面的世界总是那么深深地吸引着他，让他如此沉迷。他总是瞪着大大的眼睛，全神贯注地倾听着、幻想着，神奇的世界让小米佳陶醉。米佳的爸爸是托博尔斯克市中学的校长，是一个善良而又博学的人。他非常喜爱小米佳，总是用自己的智慧引导幼小的儿子，教会儿子用自己的眼睛与心灵去感受这个世界的美好；用自己的思想引导儿子坦然接受生活中的一切；用自己的苦难与挫折鼓励和鞭策儿子积极地进取。几年前，他的眼睛就总是感觉到疼痛，视力也逐渐模糊，现在越发的浑浊。要强的他总是忍住病痛，用乐观来感染家人，用坚强来面对苦难。他用心感恩生活给予的快乐，用毅力迎接每日升起的朝阳，他爱家人，爱生活，爱这个五彩缤纷的世界。眼睛越是模糊，他越是珍爱这个平凡小城的一草一木，珍爱这个平凡小城的春夏秋冬。他要引导儿子去认识这个美好而又神奇的世界，告诉儿子一年之计在于春，人们会在这个季节里播种希望，然后坚定地迈出第一步。春天会脱胎肃杀冷寂的严冬，把温情的笑开遍大地，春天会如涅槃般的美丽，春天是自然的启迪，更是心灵的启迪。夏和秋是小米佳的最爱，他爱森林里的泥土夹杂着树的清新的气味，爱在这个季节里，可以随意地躲进山中某个僻静之处，倾听树林的叹息。他更爱鄂毕河那涓涓的流水，小溪从那碧绿的青草的缝隙中欢快地流淌进大河，两岸百鸟齐鸣，河边的整个草场和灌木被春潮夏日秋凉淹没，野鸭子在水面上这儿一群那儿一群地飞起飞落。

米佳喜欢在广袤的平原上奔跑，追逐着小石子和那些无名的野花。每天傍晚，火红的霞和华美的云融合成新的、不平凡的、离奇的景致，他站在辽阔的西伯利亚平原眺望美景。神奇的世界让米佳开心快乐地成长着。可是小米佳也有他的烦恼，他喜爱的春夏秋太短暂了，他还没有享受够就匆匆地从眼前溜过了，而讨厌的除了雪什么都没有的冬，却占据了大好的时光，这是为什么呢？小米佳百思不得其解。有一天小米佳跑到爸爸的身边，仰起脸认真地问道："爸爸，为什么冬天这么漫长？我不喜欢冬天，怎么才能在冬天看到春天、夏天和秋天啊？"

爸爸看着儿子认真的样子笑了，他抚摸着儿子的头问道："你为什么不喜欢冬天呢？"

"因为冬天没有茂密的森林，没有鸟儿的歌唱，没有小动物在林中奔跑，没有好看的颜色，没有好吃的果子。"

"那么，你还有一种方法，即使在冬天也可以见到夏天。"父亲缓缓地、严肃地说道。

"那是什么方法？"门捷列夫问道。

"孩子，我们的眼睛在没有明媚阳光的夜晚，看不清楚周边的一切，可是心灵可以让眼睛在黑暗中看得很远。你现在可以用心灵去看到生机勃勃的夏天。哦，多么茂密的树林，鸟儿在欢唱，小动物在林中奔跑、玩耍，每棵树都染着不同的颜色，树根部是灰黄色，中部是红里泛黄，越往上黄色就越明亮、越娇嫩，简直像是蛋黄，而树梢则像是裹着绒毛的浓密的针叶，初生的朝阳，霞光万道的落日，树的清香，花的芬芳，庄稼的生长，秋日里的硕果，枫叶的火红……"爸爸的话让米佳陶醉了，他听得入了神。明亮的眼睛里时而闪过一种愉悦的光芒，稚嫩的脸上露出一丝丝兴奋，他的表情透出一种与孩童不相称的思索，仿佛给这个纯真的孩童插上了一双飞翔的翅膀。这是一种希望，更是一种理想，这是一个更加美好的世界，一个绚丽的天空，一个玫瑰式的梦幻，一个百花盛开的伊甸园……

望着站在身边的父亲，米佳感到了从未有过的一种力量。这是一个充满了智慧的父亲，弯曲的卷发和浓密的胡子衬托着他那英俊的五官，脸上带着西伯利亚人特有的刚硬与善良，更加显示出了他男子汉的英雄气概。他的前额又高又大，身材高大挺拔，儒雅的气质将镇静与自信诠释得淋漓尽致。父亲的声音优美、流畅、柔软温和，仿佛所有的苦难和挫折都被那双眼掩盖。在这双病痛的眼里，有一种不能描绘的东西存在，它让人在希望中留下安宁，在困顿中平静地接受。闲暇之时，他也会陷入沉思之中，在回忆里寻觅年轻时的壮志与豪情。

在圣彼得堡师范学院里，有这样的一群热血男儿，他们正直、勇敢，他们心系国家，在逆境中搏击，在困苦中求索，当时俄国从资本主义进入帝国主义，阶级矛盾十分尖锐，沙皇制度已变得更加腐朽了。资本主义改革造成了俄国国内不小的社会矛盾，而俄国国内贫富差距扩大，大量农民破产，社会矛盾激化。反抗之声风起云涌，沙皇也开始残酷地迫害那些反抗者，大量的热血政治青年被流放，米佳的爸爸就是其中之一，从圣彼得堡发配到西伯利亚。但是米佳的爸爸没有沉沦，他利用自己的专业教授学生读书、学习，丰富思想，传授人生的哲理。做正直的人，做一个有价值的人成为米佳爸爸奋斗的目标和动力。小小的米佳通过爸爸认识了这个奇妙的世界，同时也感受到了生活的真正乐趣。

父爱给了米佳无穷的、智慧的启迪，而母亲的爱则教会了米佳从生活中去发现和寻找快乐。小米佳喜欢清晨睁开眼看到母亲的样子，米佳总是痴痴地凝望着她。母亲是个小个子，小而俊俏。她的眼睛最好看，很深的双眼皮，一对很亮很亮的眼珠，显得整个脸庞灵动而妩媚。她的眼能替她的嘴说出难以表达的心意与情感，她的眼能替她的心开出善良与聪慧之花。尽管她没有高深的知识，普通而平凡，但是她的眼会告诉他人，什么是自信。她的目光像阳光一样能温暖他人。米佳喜欢跟随母亲去田野，去山林，去访亲，去拜友，喜欢和母亲在田地里把种子高高地扬起，然后埋入土中，然后期待着它发芽、生长、成熟。林中丰富的资源让米佳和妈妈兴奋，山中的野菜、蘑菇、野果、小动物都让米佳喜爱。米佳也喜欢跟随母亲去厨房忙碌，她总是系着干净的、白色的围裙，扑鼻的香气总是让米佳口水直流。看着母亲做出的佳肴，米佳对母亲简直是崇拜至极，神奇的手创造了美妙的食物。阳光透过窗子照在母亲长至腰际的长发上，使母亲看上去修长而美丽。母亲的家务似乎永远没个完，日复一日，阳光下的缝缝补补，在厨房里做烤面包，在自己开辟的土地上侍弄菜园，在大大的盆里洗着孩子们沾满泥巴的脏衣服……这时米佳会意识到，母亲是家的中心，母亲劳作时没有怨言与疲惫，她是快乐的，她对生活没有大的奢望，全家人健康、平安、和睦就是她唯一的企盼了。母亲最为神奇的是她能让米佳看到另一个神奇的世界，这个世界引领了米佳的脚步，更引领了一个伟大科学家的诞生。

在跟随母亲除草、砍柴、挑水、浇园之外，米佳始终没有忘记他心中的最爱——母亲的玻璃厂。他总是在工厂厂房的影子被夕阳拉得很长很长的时候偷偷溜进去，因为他感觉这个时候的玻璃厂是最美的。厂里的工人非常喜欢这个聪明的孩子，他们总是带他去参观，总是在熔炉旁抱回小米佳（因为米佳总是偷偷跑到那里去看熔化的五彩的溶液）。他们会告诉小米佳，那些堆成小山的晶莹的石英石是从阿尔泰山脉和乌拉尔山脉垮塌下来的，它们被奔腾的河水冲卷到了额尔齐斯河广阔的沙滩，再被人们从沙砾中刨出来送到玻璃厂，送进了烈火熊熊的熔炉。熔炉是多么神奇啊！坚硬无比的石头在熔炉中摇身一变，成为黏稠的红亮液体，而这红亮的黏液被工人用长长的铁管蘸出一小团，再鼓着腮帮吹啊吹，转眼之间就成了各式各样的瓶状物。瓶状的东西慢慢冷却，魔术般的变化就不可思议地出现了，石头变成了晶莹剔透的玻璃制品。米佳痴迷这瞬息万变的奇幻过程，他的思绪早已飞到了九霄云外。世间万物千变万化，四季交替，时光的轮回，白昼的温暖，夜晚的寒冷，生命的脆弱，一切的一切让米佳陷入其中。他不断地询问爸爸、妈妈，有不解的地方就去看书，他在书中懂得了什么是热爱，什么是生活。小小的他开始寻找一种恬淡、一种豁达、一种从容，开始寻找一种至善至美的心灵境界，开始以一种简单的心境去享受生命中的阳光与温暖。

有一天，米佳跑到爸爸身边，对爸爸说："爸爸，我要上学，我要读书。"

第二节　金色的校园

晨曦姗姗来迟，星星不肯离去。然而，乳白色的蒸汽已从河面上冉冉升起。夜雾慢慢淡了，颜色变白，像是流动着的透明体，东方发白了，浮动着轻纱一般的迷雾笼罩着托博尔斯克小城，小城的建筑和树木若有若无。说它有吧，看不到那些建筑和树木的整体；说它没有吧，迷雾开豁的地方，又隐隐露出建筑和树木部分的轮廓。随着迷雾的浓淡，变幻多姿，仿佛是海市蜃楼。四处迷迷茫茫，远处的湖都不见了，面前只有看不透的乳白色的混沌。雾在林间漂浮着，流动着。各种形状的树叶，浑圆的、椭圆的、细长的、多角的……像千万只绿色的小手。米佳沿着一条蛇一样弯弯曲曲的小路走进大森林的雾里，恍若走进迷蒙的梦里。满山满谷乳白色的雾气，那样的深，像流动的浆液，能把人都浮起来似的。米佳隐隐约约成为了一个小点子，身影虽小，但是米佳仍然坚定地向前，他要实现他心中的梦想，他要上学，而且是高中！

7岁的米佳太小了，跟在高大的哥哥身后，简直就是一个小布娃娃。校长看着这个倔强的娃娃，坚定地摇着头，喃喃说道："简直是胡闹，简直是胡闹。"小米佳绝望地跑回了家，一头扑进爸爸怀中大哭起来，他仰起小脸坚定地说道："爸爸，我要读书，我能行，一定行！"爸爸摸着儿子的头，轻声地告诉儿子："我们一起努力，上学。"

爸爸坚持不懈地往返在学校和家的小路上，眼睛视力的下降，使得爸爸走路时常跌跤，但是爸爸为了儿子的那个梦，执着地坚持着。校长终于被这对父子感动了，破例收下了这个小娃娃。米佳终于上学了！

学校的一切让米佳感到都是那么的新奇。

在校门口，冬姑娘洒下了一层水晶冰，让师生们不由自主地滑一滑、乐一乐。走进校园，教学楼被冰雪覆盖，仿佛冻得瑟瑟发抖，树枝上亮晶晶的特别好看。校园中的小路也被冬姑娘洒上了一层薄薄的冰，花圃里的小花，早就娇气地回到土地妈妈的怀抱里冬眠去了；而小草比小花坚强多了，直挺挺地站在那里，接受冬姑娘的冷水浴。虽然小草的上半身弯了下去，但下半身依然挺直，仿佛仰面向寒冷示威：我不会害怕的，我能够坚持！再看看小树，树枝被冬姑娘追逐的左右打架，树叶也被冻得抽扭到了一起。唯有那栏杆，尽管冻得不停地打战，但为了花草树木，仍然坚强地在为它们站岗。冬天的校园是多么的妖娆迷人，多么的充满诗情画意啊！米佳由衷地赞美他的校园。

"瞧，快看啊！"米佳情不自禁地喊出声来，因为那儿实在是太美了，那可是冬姐姐的杰作：银色的大操场。这时的大操场已不同往日了，它似千朵万朵梨花在翩翩起舞，它如玉屑一点一滴地在眼前浮现。这一景象在米佳心扉中随心所欲，像一曲婉转、悠扬、清新的乐曲，又仿佛一首轻快、和谐、鲜明的小诗。

看！这儿又是一处美丽的风景。你瞧，它身上的霜像玉一样洁，像银一样白，像烟一样轻，像柳絮一样柔，美不胜收。小米佳终于懂得了爸爸告诉他的那些话的真正含义。米佳开始喜欢冬天了，他懂得了冬天里一样会有美好，一样会蕴含着春天。每当微风轻柔地托起一丝丝柳絮的时候；每当太阳把它金色的光辉悄然披在一棵棵俊俏的梧桐树上的时候；每当美丽的花瓣在空中悠悠地打几个卷儿，再轻轻落地的时候，米佳和同学们正幸福地享受着烂漫的校园生活。

清晨，歌伴随着米佳一路走过洒满瑞雪的小路，走进校园，他的眼里全是笑意。阳光铺在厚厚的衣服上，又把柔和的晨光反射到他人身上，每个人都笑吟吟地接受了这份光芒，朝气蓬勃地迈进校园。在去教室的路上，春夏秋季节中曾经漂亮的喷泉与水池，挺拔的槐树与婀娜的垂柳，在冬天里别具风味。同学们都非常喜欢米佳，每次校园中相遇，同学们都会友好地向米佳问候，亲切地牵起他的小手，共同走进教室。

走进洒满晨光的教室，安置好书包与作业，米佳会长长地吁一口气，精神饱满地开始一天的学习生活。

课堂上，米佳会尽情地施展他的才能，大胆地说出自己独到的见解，认真地记好要领悟的知识与要点。为了让鸟儿也为他喝彩，为了让大树也赞许地点头，为了让花儿也为之倾心，为了那片片在空中飞舞的花瓣上满载着的赞赏与希望的寄语，为了米佳心中的那个梦想，米佳勤奋、刻苦、坚定地努力着。

米佳非常喜欢课间，喜欢那可以让他自由发挥的十分钟。米佳和同学们一起谈心来增进彼此之间的友谊，增添那宝贵的心灵财富；一起讨论问题来提高彼此的成绩，让自己更加充实与睿智；一起沐浴阳光，享受这最美好的时光。

米佳完全融入了集体之中，他和同学们朝夕相处，希望自己能够出类拔萃。两年的时光，米佳的成绩一跃而上，也让同学们刮目相看。米佳在学习中成长着，在成长中学习着，这时的他还不到 10 岁。但是米佳已经知道了校园是给予他知识的摇篮，是教导他懂得做人的道理的地方，是指出他错误的指路明灯，是让他展现自我风采的舞台。米佳知道，每个人都有着属于自己的舞台，舞台上扮演的角色也各不相同。但是"世上无难事，只怕有心人"，不管在什么时候，只要刻苦认真，坚持不懈，就没有办不到的事。每个人都想站在舞台上展现自己，米佳也不例外，他站在知识的舞台上奋斗着。

从小，米佳就对数学有着特殊的情感。在他还很小的时候，妈妈问他想学点什么，他就毫不犹豫地说："我想学数学！"从那时候起，数学就与他结下了不解之缘。数学多好啊！看着那一列列数字，就像牧民看着被自己驯服了的一群群骏马，那骏马可以把你带到远方；解答出一道道难题时，也让人很有成就感；物理也使人兴趣盎然，它能告诉你为什么铁做的船能浮在水面上而不沉，雪为什么能融化成水；历史则上演着一幕幕悲喜剧：彼得大帝化名在国外当木匠学造船，回国后割下大臣的胡子，俄罗斯越来越强大……

兴趣不仅给米佳带来了乐趣，也给他带来了如朋友般的安慰。在他开心的时候，用人生的理想为自己画下喜悦；在他不开心的时候，用知识来为自己描绘一幅理想图。米佳清楚地知道，心中那个灿烂的、理想的舞台，并不是一步便能踏上的。没有坚强的意志，就没有踏上的动力；没有稳固的基础，就会踏得困难；没有雄厚的实力，就不会踏得久远。因此，米佳所需要坚持的是信念；所需要打牢靠的是基础；所需要积累的是经验；所需要储存的是实力。他相信机遇是留给有准备的人的，运气也是眷顾有信心的人的。校园生活似一条潺潺流淌的小溪，它欢快地奔流着，时时泛起一朵朵晶莹的浪花。仰首是春，俯首是秋，月圆是画，月缺是诗。米佳的校园生活在无声的岁月中点缀了一幅幅人生的画面，使他的人生路上充满欣喜与充实，同时也给米佳的人生增添了一个大大的舞台。此时米佳所需要的不仅是这一个舞台，他还想拥有舞台中的舞台。

一次放学后，已是落日黄昏。宽阔的街道、街道两侧的农舍、草垛和睡去的杨柳，一切都是那么的平静，像摆脱了一切辛劳、忧虑和不幸，隐藏在落日的庇护下，小城在安然歇息，显得那么温柔、凄清、美丽。似乎天上的云朵都亲切地、深情地望着它，似乎在这片土地上，一切的繁杂已不复存在，一切都十分美好。小城的尽头便是田野。田野一望无际，一直延伸到远方的地平线。沐浴在霞光中的这片广袤土地，同样安详而平静。这时一个瘦弱的男人走进了米佳的家，他是米佳的拉丁语教师。这是一个固执而又古板的男人，一件厚厚的大衣笔直地下垂，显得整个人棱角是那么的分明。他的双颊和眼睛凹陷得很深，浓密的胡子卷成许多极小的圆圈，当他眯起双眼时，眼睛里总是射出严厉、责备的目光。他一言不发，拿出一张成绩表，门捷列夫的名字赫赫在上，一列红笔写的不及格，似乎在那偷偷地嘲笑着小米佳。"上课溜号，不注意听讲，不按时完成老师布置的作业，更为严重的是学习课本都没有，多次补考都没有及格，这样的学生我教不了了，我已经向校长提出劝退门捷列夫了"，拉丁语老师无情地说道。门外，空留下沮丧的父亲和呆呆的小米佳。

"爸爸，不是我学不会，也不是我不珍惜学习的机会，我实在是不喜欢拉丁语课，不喜欢。"

"为什么不喜欢拉丁语呢？"爸爸问道。

"它死板、单调和枯燥。"门捷列夫回答。

"孩子，世间万物都有它自己的独特性，这就好像太阳能带给我们温暖，月亮能带给我们宁静，美味能让我们享受，衣服能让我们不遭受寒冷的侵袭一样，知识也是包罗万象的，学习不能只凭兴趣，所有的知识都能让我们聪明智慧起来，对我们都有帮助，以后你还要上大学，可是上大学不会拉丁语那是不可以的。孩子，我们不仅要接受我们喜欢的、热爱的，我们也要学会接受我们不喜欢、不热爱的，这样我们的生活才能丰富起来，我们心中的世界就会更为广阔。"

爸爸的一席话让门捷列夫惭愧地低下了头……

而此时，在校长的办公室，一场门捷列夫的去留问题正在展开激烈的辩论。几年拉丁语的不及格成绩单赫然醒目，但是数学、物理、地理以及化学等科目的成绩第一名同样赫然写着——门捷列夫。

"这是一个神童，智慧聪明，谦逊而又有礼，善于思考，勤奋刻苦，门捷列夫是我们学校的骄傲，我们绝对不能开除他。"数学老师激动得脸都红了，双手在高空飞舞着，好像在空气中想抓住什么似的。

"这个孩子思维开阔、敏捷、领悟力极高，我们一定要给他一个展示能力的平台，我们不能扼杀一个天才。"物理老师用他那平缓而又清晰的声音坚定地说着。

"门捷列夫是一个有理想、有抱负的好孩子，具有极强的观察力，他热爱家园，热爱劳动，热爱大自然的一草一木，热爱所有的人们，他善良、正直，他有着同龄孩子所没有的理想和抱负，这样的好孩子我们怎么能放弃呢？"地理老师一字一句坚定地表达了自己的想法。

"你们说门捷列夫那么优秀，可是为什么拉丁语几年都不及格？上课溜号，连课本都没有，接受他上学本来就是胡闹嘛，最后一样上不了大学。"有一位老师反驳道。

激烈的争辩一直持续着，最后双方妥协，给门捷列夫一个机会，他必须成为一个全面发展的优秀学生。

"劝学风波"之后，门捷列夫深感自己知识的不全面，他更加刻苦努力地学习了，他知道即使自己不喜欢拉丁语也必须掌握，虽然自己长大后不会去当神父，也不会选择研究拉丁文经典。但是自己喜欢科学，长大后想成为科学家，学好拉丁语是自己迈入大学的必要条件，是不能放弃的。科学是自己的最爱，用科学来改变这无比辽阔、无比富饶，可又非常贫穷、落后、愚昧和黑暗的国家，用科学来使祖国强大起来，拉丁语就成为我实现理想的第一个坎吧！

门捷列夫的拉丁语过关了，及格了，而且和其他成绩一样优秀。

门捷列夫在知识的海洋中尽情地遨游，他热爱一切科学的东西，火炉上腾起炽烈的火焰，像是活蹦乱跳的小生命，引起了门捷列夫的深思。火真的有生命吗？火究竟是由什么组成的呢？

奔腾的额尔齐斯河汇入了壮阔的鄂毕河，汩汩的河水涓涓地流淌。水，真的就是万物之源吗？

组成物质的元素是什么？真的就是水、火、土、气之类的东西吗？

万物是由盐、硫、汞这三种物质混合构成的吗？

只要几个音符就可以谱成无数动听的乐曲，只用10个阿拉伯数字就可以表示出无论多大的数目。那么，这世界上的物体，比如火炉、皮衣、白雪、森林、面包、奶酪等等，最终是由多少种最简单的东西组成的呢？

诸多的疑问，让门捷列夫的理想之花开得更加绚烂了！

门捷列夫有一个最好的大朋友，他就是姐姐的男朋友乌萨尔金，这是一个思想进步、阳光的大男孩，同样被流放到这个古朴的托博尔斯克小城。他非常喜欢门捷列夫，经常给他讲道理，经常带着门捷列夫上山下河，穿峻岭，过崇山，带他到乌拉尔的崇山峻岭采集矿石标本，到西伯利亚大草原采集昆虫和花卉标本，带他参加他们进步青年组织的团体聚会，接受新思想，开阔视野，乌萨尔金成为了门捷列夫的知心朋友。在额尔齐斯河的沙滩，在百花盛开的草原，在茂密的白桦树林，在清澈如镜的湖泊边，在鲜花盛开的夏季，在冰天雪地的寒冬，一大一小两个人一起叩响大自然的奥秘之门。乌萨尔金常常给门捷列夫讲物理学中的有趣故事，讲老师在课堂上从未提到过的"燃素说"，讲数学中那些没有解决的难题，这些都大大地拓展了门捷列夫的视野，拓宽了他的知识面。乌萨尔金还常常讲起莫斯科，他鼓励门捷列夫读完中学后到莫斯科的大学去深造。

一天放学回家，门捷列夫发现家里来了很多客人，他们温文尔雅，谈吐不凡，他们心系天下，忧国忧民，他们焦虑国家的现状，更担忧国家的未来。他们的思想，他们的远虑近忧，一切都让门捷列夫感到如此的新奇。"十二月党"、革命、改良、科学与理想、俄罗斯的命运和前途，所有的这一切像烙印一样印在了幼小的门捷列夫的心里，深深地扎了根，慢慢地发了芽。他感受到了自己的浅薄，感受到了知识的力量，他热爱像父亲一样的那些先驱者们。

有一天，门捷列夫和父亲说要独自旅行，父亲深情地抚摸着门捷列夫的头，感慨道："米佳，爸爸的眼睛不行了，要不我也会带你出去的。去看看外面的世界吧，她会让你的心灵更加充实，会让你的理想之梦更加美丽。你热爱自己的国家，选择了俄罗斯的未来，那就投入她的怀抱吧！去拥抱她辽阔的疆域、丰富的矿藏，拥抱她美丽的大自然，拥抱她土地上的人民……"

就在这个假期，门捷列夫揣着一颗还略显稚嫩的心，钻进了乌拉尔的群山，走进了西伯利亚的原始森林。秋末的黄昏来得总是很快，还没等山野上被日光蒸发起的水汽消散，太阳就落进了西山。于是，山谷中的微风带着浓重的凉意，驱赶着白色的雾气，向山下游荡；而山峰的阴影，很快地倒压在村庄上。阴影越来越浓，渐渐和夜色混为一体，但不久，又被月亮染成银灰色了。风餐露宿，门捷列夫在山和水中前行着，他要让灵魂在岁月的风沙中磨炼、轮回、遭遇。山水无语、无怨、无悔、无去、无从，然而冥冥之中，它们却永不停息地为世人演绎着动人的神话，展示着那最美的风景。同时，在门捷列夫鼓鼓的行囊中，还有一本拉丁语课本。在那些难忘的日日夜夜，门捷列夫把他全部的热情放在了对科学的热烈追求上。

　　乌萨尔金为门捷列夫的心灵世界打开了一扇窗，父亲为门捷列夫打开了科学的一扇门，而母亲给了门捷列夫生活上的一把金色的钥匙。

第二章

人 在 旅 途

"如果你的梦想还站立的话，那么没有人能使你倒下。"

天将降大任于斯人也，必先苦其心志。生活就像那一望无际的大海，人便是那大海上的一叶扁舟。大海没有风平浪静的时候，所以，人也总是伴着快乐与痛苦同行。保持常态，昂首挺胸，无所畏惧。用一颗淡泊之心、忍辱之心、仁爱之心去对待世界。

坎坷能铸造截然不同的人生。坎坷，于强者，能磨砺其意志，成就辉煌人生；于弱者，使其湮没于人海。勇敢地面对苦难是一个人走向成熟的标志，是一个人经历了人生百态后达观超然的表现。一花一世界，一树一乾坤。执着与勤奋，让门捷列夫用海纳百川之胸怀迎接成功，创造辉煌。

第一节　心　灵　的　童　谣

　　一样的冬天，一样的寒冷，门捷列夫遭遇了人生最残酷的打击——父亲去世了。这个爱自己的家人、爱自己的国家、博学多才、善良大气的人远离了这个动荡不安、人生失意浮沉之地，将自己的一生托付给了山水风月。在他归返自然，超然高远的背后，他优秀的儿子站了起来，从父亲的背后站到了生活的最前列。学校的榜单上，门捷列夫的名字高高在上，他早已经成为哥哥姐姐们的骄傲，也成了学校的自豪。在数学和物理学上，门捷列夫显示了卓越的理解力和创造性；在地理学、历史学上，门捷列夫又表现了出类拔萃的博闻强记能力。他成绩优异，乐于助人，热爱劳动，心胸开阔，早就成了老师和同学们称道的品学兼优的好学生。

　　母亲为家中最小的孩子所表现出的天赋和取得的成绩而骄傲，于是想尽一切努力把门捷列夫送去上大学，使他成为一名杰出的科学家，为俄罗斯培养一个有用的人。亲人的愿望和门捷列夫心目中的理想是一致的，他们把目光都投向了著名的莫斯科大学——那里荟萃了许多著名的思想家和科学家，也是培养优秀人才的高等学府。

"快救火啊，快救火！"一声凄厉的喊叫刺破了长空。
火光冲天，喊叫声、哭声、救火声混合在了一起。真是祸
不单行，母亲的玻璃厂在这场大火中化为了灰烬。母亲痛
不欲生，父亲去世后，家中的经济来源全靠母亲在玻璃厂
的收入，现在真的是陷入了绝境。望着烧垮的工厂，望着
幼小的门捷列夫，母亲擦干了眼泪，挺起了脊梁，她要门
捷列夫知道：灾难只是给懦弱者的借口，人的一生，谁都
会遇到困难和挫折，遇到失败和痛苦，要坦然面对，不能
怨天尤人、怨声载道，不自责，不气馁，优秀的人能够体
味成功的快乐，也一定要学会品尝失败的滋味。不能屈从
命运的安排，不能失去希望，就算自己的梦想遭到失败，
只要心中充满希望，那么璀璨斑斓的星空就会见证梦想的
实现。母亲更想告诉门捷列夫：理想是生活的延伸和拓展，
是社会前行的动力，这种动力会让人类在前行中一步一步
从荒蛮走向文明。握住母亲的双手，门捷列夫仿佛握住了
打开命运之门的金钥匙。年少的门捷列夫决定和母亲一起
勇敢地迎接生活的挑战。他告诫自己：一切苦难都无法改
变自己实现理想的渴望。

1849 年秋天，门捷列夫以优异的成绩毕业了。门捷列
夫的"大朋友"乌萨尔金来到了家中。望着略带稚气但是
聪慧绝顶的门捷列夫，乌萨尔金极力鼓励门捷列夫读完中
学后到莫斯科的大学去深造。一提到莫斯科，乌萨尔金的
眼睛便充满亮光："米佳，你注意到了吗，莫斯科虽是个内

陆城市，却连通伏尔加河、黑海、里海和波罗的海，地理位置优越，交通发达。气势雄伟的克里姆林宫举世闻名，宫墙上参差错落地分布着二十多座塔楼，宫墙内教堂耸立，殿宇轩昂。只可惜，这座俄罗斯人民智慧的结晶眼下却成了那些昏庸腐败的专制者滥施淫威、为所欲为的领地……"讲到这里，乌萨尔金的眼睛里像燃烧起愤怒的烈焰一般。对祖国和民族的担忧，让这个热血青年充满了斗志。乌萨尔金的思想深刻地影响着门捷列夫，在乌萨尔金的身上，门捷列夫仿佛看到了父亲殷切的目光，这目光刺破了黑夜，熠熠生辉。

"光明终将驱除黑暗，科学终将战胜愚昧，真理终将战胜谎言。米佳，到莫斯科去吧，那里有一流的科学家和正直的学者，有最好的学术氛围，他们在为俄罗斯撒播科学的种子。在那里，你会在科学的沃野中长成参天大树……"乌萨尔金的这些话将一颗追求科学、崇尚科学的种子播在了门捷列夫的心中。

带着自己的梦想，带着朋友的鼓励，带着父亲的期盼，门捷列夫和母亲在一个充满阳光的日子里坐上了去莫斯科的马车。这是一次漫长的跋涉，故乡和首都莫斯科相隔足足有 2000 多公里，在当时还没有通铁路的条件下，母亲只能带着孩子坐在一辆四轮马车上，在坎坷不平的路上长途跋涉。

离母亲生活了二十余年的托博尔斯克越来越远了，小城慢慢地变成了一个模糊的影子，母亲的眼角也慢慢地湿润了。太阳下山了，落日，已跌进远山的深处。

门捷列夫有些倦意，他把头依傍在母亲的肩上，透过围巾，他很难看清那些飘扬的雪花。但是他却用心聆听着雪花的舞蹈，独自领受这深深积于疲惫里的温馨。看到母亲流泪，门捷列夫心疼地想伸手去擦掉母亲眼角的泪滴，但是他的手在半空中停了下来，他不忍心，生怕打破这神圣的静谧。他知道他想跳出那狭小的圈子，从封闭思维的角落走向未知的那片开阔的土地，就必须忍受。

静寂，没有带来任何的不安与恐慌，呼出的气体成为浸透这雪域的生命气息，马车走过厚厚的积雪，车下发出吱呀的声响。夕阳收回了最后一抹的余晖，雪又多了几分冗长与深沉。西伯利亚平原呈现出一种冷酷的美，门捷列夫爱这样的美，更爱这份冷酷，生活告诉了他欢乐可以没有微笑，痛苦也同样可以没有泪痕，永远是没有结局的开始，永远是稍纵即逝的追寻。母亲的童谣依然在耳边咏唱，似乎在诉说着一个永远不会破的梦……

再回头时，莽莽的平原上车轮只留下浅浅的痕迹，车继续向前走着，有方向，却没有终点……

母亲自己擦去了泪珠，她已没有什么可挂念的了，工厂已成灰烬，家产已全部变卖，只剩下丈夫的坟茔留在教堂的墓地里。她坚信：墓地里的那颗灵魂，有着和她完全一样的期望——让米佳成为莫斯科的大学生。

　　旅途的劳累并没有让门捷列夫懈怠，反而使他看到了许多美景。他的脑子里常常不由自主地浮现出赏心悦目的画面：一望无际的大草原在金色的阳光下袒露出地下丰富的宝藏，黑色的乌金变成了通红的火焰，矿石驯服地摇身一变，成为金黄的、银灰的、乌黑的各种金属；那些被西伯利亚人称为"树行子"的树林在恍惚间披上了银装，积雪消融后，绿色的树林连成大片森林；星罗棋布的小湖泊，分明是一颗颗闪光的珍珠，蜿蜒的小河把一颗颗珍珠串成了项链，佩戴在俄罗斯母亲的胸前……

　　此刻门捷列夫心里涌起了对大自然无尽的热爱和对祖国的崇敬与自豪。

　　十多天后，他们跨过了卡马河，到达了喀山，接着又渡过伏尔加河。母亲兴奋地告诉门捷列夫：莫斯科就要到了！即使他们这样一路兼程，也没有走完横跨全俄罗斯路程的一半。

　　门捷列夫在心中叹道："多么辽阔的俄罗斯！上帝给了我们一个多么美丽宽广的家园，我要让这个家园越来越好！"一种跃跃欲试的冲动更加强烈地击打着他的心扉。

　　莫斯科终于到了！

　　莫斯科，这座城市巨大、美丽、复杂，不可思议，一言难尽。红色的克里姆林宫城墙塔楼在夕阳下闪耀着金光，红场上的石子路经历了多少战争故事，色彩斑斓的洋葱顶教堂百看不厌；华灯初上时，特维尔大街成了一条热闹的车河，深夜里剧院散场，莫斯科人意犹未尽地说笑着走进夜色之中；春夏秋冬，四般景色，无论见过多少次，莫斯科的每一个瞬间还是让人感到无比惊奇，或许竭尽毕生亦不能穷尽。

站在克里姆林宫墙外的广场上，门捷列夫觉得莫斯科甚至比他想象中的更加美好。

然而，莫斯科却没有伸开双臂来迎接这位未来的最伟大的科学家，他受到了冷淡。这种冷淡简直令他们寒心，没有一所大学愿意收留这位来自西伯利亚的求学者。当时莫斯科大学的招生简章规定，它只招收莫斯科学区内的中学毕业生。门捷列夫被莫斯科大学拒之门外。倔强的母亲毫不放弃，她直接找到了教育部部长。母亲拿出了成绩单，优异的成绩，老师的评定，校长的推荐，一切的一切，都证明了这是一个多么优秀的孩子啊！可是部长耸着肩，摊着双手，面无表情，毫无通融余地地拒绝道："肯定不行！托博尔斯克属于喀山学区。就算你的儿子才华出众，也只能报考喀山大学。无论是莫斯科，还是圣彼得堡，都不会收其他学区的学生。"

想不到离开故乡千里迢迢来到莫斯科，竟是这样的结果。母亲非常失望。门捷列夫望着母亲疲惫不堪的面孔，深情地安慰着母亲："如果我努力的话，就是不在莫斯科大学也会有作为的。妈妈，请放心，我会好好努力，作出一番成就给您看的。"妈妈看着懂事的儿子，欣慰地笑了，她知道她的儿子一定会是一位最优秀的科学家。儿子没有放弃，妈妈怎么能放弃呢？看到母子俩如此的艰辛，有个朋友建议妈妈给门捷列夫找个谋生之处，以后生活在莫斯科。"不行，坚决不可以。我的儿子一定要上大学，他一定会成为一名优秀的科学家。"母亲坚定不移的信念支撑着儿子五彩斑斓的梦。

母亲带着门捷列夫辗转来到圣彼得堡。为了能让儿子上大学，母亲四处奔波、打探消息。母亲的执着终于感动了上苍。一日，母亲高兴地回来了，多日的愁云被母亲阳光般的笑容驱散，圣彼得堡医学院同意门捷列夫报考了！

母亲的幸福感染了门捷列夫，他决定不辜负母亲的期望，报考圣彼得堡医学院。

准备，苦读，报考，公布成绩，门捷列夫位列第一名。妈妈抱住儿子，高兴地流出了眼泪，这是幸福和开心之泪，更是黑暗过后重见光明的喜悦之泪。门捷列夫似乎走到了科学大门的门口。

命运总是那么的多情又无情。

门捷列夫走进了圣彼得堡医学院，漂亮的学院充斥着刺鼻的气味，这是医学院特有的味道，这种味道让门捷列夫感到不安和烦躁，还有些干呕。他第一次知道了人死以后会是怎样的情形。每一个活着的人都无从体验，但活人可以目睹他人的死亡以及死后的种种情形。人一旦停止呼吸和心跳，一切生命体征随之消失，所有的功名利禄爱恨情仇通通化作虚无，人也就不再是一个人了，顷刻间变成了一具尸体，是与木头、石块同类的无生命的物质。这个人不论生前享受过多少荣华富贵，经历过多少艰难困苦，不论他的生命是平凡还是伟大，卑微还是尊贵，死后留下的有形物体就是他生命的躯壳，一具小小的尸体。门捷列夫为这些小小的尸体悲哀着，痛苦着，学院的气味以及一切的课程都让他感到难过，伤感。这些情感每天都让他感到异常的痛苦不堪，他忍耐着，坚持着，他不想半途而废，更不想让妈妈失望。

然而，一堂生理解剖课让门捷列夫彻底崩溃了。当门捷列夫用手术刀在人体标本上划下第一刀时，他感到不寒而栗。壮了壮胆，突然一摊猩红的东西映入了眼帘，他急忙闭上眼，但强烈的刺激已使他两腿发软，几乎晕倒。门捷列夫清醒地知道了，自己并不适合做一个外科医生。

门捷列夫从医学院退学了……

母亲重新开始了寻找、咨询、交涉、跋涉的旅程。免不了又是碰壁的沮丧，被搪塞、推诿的尴尬。但倔强的母亲仍然不放弃。终于，那丝几乎破灭的希望被锲而不舍的母亲变成了喜泪浸透的现实：虽然师范学院是每两年招一次生，今年不招生，但是门捷列夫终于破例被圣彼得堡师范学院自然科学数学系录取了，并得到了政府特殊津贴——学杂费、膳宿费全免的待遇。

这个世界上的一切事物都是公平的，上天给你关上一扇门的时候，其实也为你开了一扇窗。在这个世界上，有很多东西在没有结果之前，都无法被认为是宝贝，没有无数次的努力和坚持，奇迹就不会产生！

母亲虽疲惫不堪，却笑得那样舒心：米佳上了丈夫的母校，他可以沿着父亲走过的路前行，他也会时时刻刻地感受到父亲的凝视与期待。感谢上帝！但愿米佳能从此展翅翱翔在知识的蓝天去圆了他的梦。为了照顾心爱的儿子，为了更好地帮助儿子实现他的理想，为了儿子静心学习，在学业上取得好成绩，母亲决定留在圣彼得堡。

常年的辛苦劳累，让母亲的身体每况愈下。昏黄的灯光下，母亲显得愈发苍老了，黑发早已变成了白发，额头上写满了岁月的印痕，母亲老了，门捷列夫心里涌起阵阵悲凉与歉疚。他端来一盆热水，浸上毛巾，让母亲坐下。"妈妈，把手伸给我。"他说。母亲不解地伸出了双手。这是一双什么样的手啊！手背上，一条条青筋突起，皮肤像贴了一层薄薄的皱巴巴的纸；手掌上全是些口子和厚厚的老茧，这就是母亲的手，支撑这个家熬过这段艰苦岁月的手。门捷列夫仔细地擦着母亲手上被岁月磨出的厚茧，轻抚着母亲刻满生活艰辛的手指，仿佛回到了童年，眼前浮现出母亲劳作不息的疲惫身影。"妈妈，您辛苦了。"他紧紧握住母亲的手，泪水像断了线的珍珠一样落了下来。

这一晚，门捷列夫看清了母亲的手，更读懂了母亲的爱。母亲的手，浓缩了她生活的沧桑，刻满了岁月的艰辛。

母亲那双手，为他开辟前程却饱尝辛酸，为他遮风挡雨却已老去。门捷列夫知道了，当他握住母亲手的那一瞬间，也就是握住了命运的手。母亲的手，是一部震撼灵魂的巨著，谁读懂了它，就读懂了整个人生。

是啊，一个人要想读懂人生的真谛，不妨常回家握握母亲的手吧！

1850 年 9 月，妈妈也走了……

秋风萧瑟，草木凋零。天渐渐变凉了。秋天的早晨，乳白色的雾迷迷蒙蒙，世间万物都沐浴在晨雾里，朦朦胧胧，若隐若现。一堆堆深灰色的迷云，低低地压着大地。已是深秋了，森林里那一望无际的林木都已光秃，老树阴郁地站着，褐色的苔掩住它身上的皱纹。无情的秋天剥下了它们美丽的衣裳，它们只好枯秃地站在那里。路边有一排排的树，绿带黄的叶子轻轻摆动着，偶尔几片蝴蝶似的树叶在空中飞舞，那么轻盈，那么优雅。秋风像尖尖的细针刺在人们的脸颊上，又痛又冰。天空高高的、蓝蓝的，一朵朵白云像一只只即将远洋的白帆船飘荡在大海中，一群大雁时而排成"一"字形，时而排成"人"字形，原本翠绿的树叶渐渐地失去了生命的本色，在风霜雪雨的侵袭下，一天比一天枯黄，然后悄悄地随风飘落。家乡的落叶，哪有什么悲伤，如今异乡的落叶，却是无尽的怅惘。站在妈妈的墓前，门捷列夫痛不欲生。是面对这静默的毁灭，还是一次如火的涅槃，抑或是一次生命的嬗变？门捷列夫泣涕涟涟，一幕幕往事浮现在他的脑海，使他揪心地痛。

妈妈啊，您还记得么？还记得那个光着脚丫在沙路上奔跑的小毛猴么？还记得从八月的枝头偷摘酸枣而划破衣服、扎破手指的小调皮吗？

妈妈啊，您还记得么？孩提时，我常趁哥哥姐姐不在意，钻进密密实实的庄稼地里，躺在垄沟里，透过层层叠叠的叶，望着那瓦蓝的天空。哥哥姐姐们急了，您也急了，大家四处寻找，满村响起您那悠长的喊声。可是，我就是不答应，不出来，用小鼻子使劲地吸着庄稼成熟的芬芳，听着您那慈爱的、带着焦急的呼唤……

妈妈啊，您还记得么？我和小伙伴爱坐在拉庄稼的大车上，那铁轮大车，拉着一车金黄，一车喜悦，悠悠荡荡，摇摇晃晃，吱吱嗡嗡。您把鞭花甩得真响，像过年的爆竹，更好玩的是您那长长的牛鞭梢上系着的漂亮红缨，鞭杆晃来晃去，那红缨像火焰般的鸟儿……

此时此刻，妈妈，我多希望您还是站在家门前的那棵大杨树下张望，还是坐在灶前为您的儿子准备晚餐。晚风吹乱了您满头苍发，火光映红了您多皱的脸颊。妈妈，我多希望这一切能再现！

丧母之痛让门捷列夫痛苦难忍，他真想沿着来莫斯科的车马印回到那个生他养他的小城，那里有母亲的身影和足迹，有曾经幸福快乐的美好时光，它可以给门捷列夫心灵的慰藉。

风中，一个声音在耳畔响起，字字清晰，声声入心：不要欺骗自己，要辛勤地劳动，耐心地寻求科学的真理。这是妈妈经常告诫小米佳的话语，此时这句话仿佛穿越了时空，震醒了迷茫痛苦之中的门捷列夫。是啊，我不能退缩，我要给父母交上一份满意的答卷。

母亲教导门捷列夫从小热爱劳动，指给了他一条通过劳动获取丰收的人生之路。母亲鼓励他热爱科学，追求真理。母亲把他从西伯利亚带到莫斯科，最后送到圣彼得堡，领他走上了通向科学的坦途。为了儿子的理想，母亲把自己化为了海堤，任凭风吹浪打也要守护儿子梦想的春天。门捷列夫相信，平凡而伟大的母亲将永远指引他攀登科学的高峰，给他以信心，给他以勇气，给他以力量。时间的流逝，老去了岁月，却沉淀了精神。牢记母亲的嘱托，带着母亲的期望，门捷列夫踏上了更高远的求学之路。

第二节　巨人的肩膀

圣彼得堡大学坐落在涅瓦河北岸与冬宫遥相对应，由彼得大帝 1724 年下令创建，初称圣彼得堡大学，十月革命后改名列宁格勒国立大学，1991 年 12 月苏联解体后改名为圣彼得堡国立大学，并沿用至今。

圣彼得堡大学是俄罗斯最早建立的大学之一，比莫斯科大学早 32 年，是著名的综合性大学，也是俄罗斯教育、科学和文化中心之一。

圣彼得堡大学的历史与俄罗斯科学和文化的发展紧紧联系在一起。在俄罗斯史册上，圣彼得堡大学曾涌现出许多知名人士和科学家，谱写了诸多光辉篇章，为人类社会的进步做出了自己的贡献。俄罗斯现任总统普京和总理梅德韦杰夫就毕业于该校法律系，另有大量政府高级官员，俄罗斯科学院院士，多名普利策奖、菲尔茨奖和诺贝尔奖得主毕业于该校。

该校设有许多著名的博物馆、图书馆、档案馆等文化设施，其中的地质系矿物教研室的矿物陈列馆藏品十分丰富和富有价值。

圣彼得堡师范学院隶属于圣彼得堡大学，所以这里的大部分课程由圣彼得堡大学派来的教授来讲授。圣彼得堡师范学院的校园清凉、静谧，这是远离浮华与喧嚣的一块净地。在这里，只有朗朗的读书声和不含杂质的自由清新的空气。当然，这里也有知了和黄莺的鸣叫，还有野蔷薇和月季花的清新和妖娆。这，是闹市中不可多得的圣地和幽居，但旺盛的、不安分的求知欲比槐花馥郁的香味还要浓烈！智者们说："真正的寒窗，催生着真正的希望。"对豪气冲天的年轻学子而言，漫天风雪，不过是青春潇洒的诗情；数九寒天，又怎能封冻他们连绵不尽的思想和青春岁月里那五彩缤纷的梦境？更何况，承载着父母家人深情的期待，老师的鼓励与关怀，更是岁末天寒里及时送到的炽热火炭，燃烧着让人一生无法忘记的温暖！

穿过了幸福的童年，穿过了孤单的少年，在这个忧伤而明媚的大学校园里，门捷列夫从他单薄的青春里打马穿过。

清晨天刚微亮，一个身影就出现在了教室里。花坛边、凉亭、图书馆、学舍中，总是会看到一个勤奋苦读的身影，单薄瘦弱的门捷列夫以书为伴，以知识为友，走过了清晨与黄昏，走过了春夏秋冬。他知道知识的积累过程是艰难的，这个艰难就好像是面对着一个巨大的悬崖峭壁，相对个人而言，会发现自己如此的渺小，我们只能用斧凿开路，一寸一寸地前进，只要不懈怠，总会有质的飞跃，涓涓的细流总会融入大海，梦想终会变成现实。

在圣彼得堡师范学院学习，门捷列夫如鱼得水，他在知识的海洋里汲取着各种营养。他用了大量的时间巩固基础知识，补习一年级的课程。只用了短短一年的时间，他的学习成绩便由年级倒数第四名升到了前几名。

门捷列夫的天赋和才华很快得到教授们的一致肯定。师范学院有著名的数学教授奥斯特罗格特拉斯基和被誉为"俄罗斯航空之父"的茹科夫斯基教授，他们的渊博知识、高深的理论以及诲人不倦，使门捷列夫对数学和力学产生了浓厚的兴趣。学识渊博的"大自然实验家"库托尔格教授展示的那片天地，也同样使门捷列夫着迷。后来，才华横溢的化学家沃斯科列森斯基的出现，又使门捷列夫以盎然的兴致一头钻进了化学世界里。门捷列夫被一门门的功课吸引着，他在知识的海洋中找到了无穷的乐趣，他的乐观、勤奋、刻苦、执着、聪慧、谦逊、好学，完全展现出来。他畅游在知识的海洋中，向着梦想的彼岸前行。数学、力学、化学，一切的一切让门捷列夫如醉如痴，而沃斯科列森斯基教授更是让门捷列夫崇拜。一直到了晚年，卓越的门捷列夫依然自豪地说道："我是沃斯科列森斯基教授的学生。"沃斯科列森斯基教授一方面进行创造性的化学工作，另一方面他还分出大部分时间来培养青年一代。他有一种高尚的品质——善于观察学生的天赋特点，注意培养学生的学习兴趣，重视启发学生的想象力和创造力，而且以伟大教育家的耐心和热忱来发扬这些特点。他非常重视学生活泼的创造思想，极力鼓舞学生的独立精神，教导他们大胆地去思考并克服前进道路上的一切障碍。这些对于一个学生而言无疑是最重要的。每当他带领同学们进入化学天地时，门捷列夫的心中便升腾起一种探索神秘的化学世界的急切愿望，这不仅是因为化学能帮助人们正确认识自然界，更重要的是他发现了化学能实现他从小就怀有的梦想。早年故乡玻璃厂的那个红色熔炉，又激起了他心中尘封已久的一长串问号。"物质最终是由什么构成的？"——他在十年前向父亲提出的这个问题，而今又清晰地显现出来，令他咀嚼得津津有味。他要了解，他要掌握，他要明晰一切知识。为了人类的利益而去获得简单、廉价和"到处都有"的物质。门捷列夫决心要成为一名化学家。这时沃斯科列森斯基教授的一堂课让门捷列夫陷入了深深的思考之中，也让门捷列夫认识了另一位英国化学家——道尔顿。

伟大的科学家牛顿从力学的角度发展了物质的微粒说，认为原子是物质的最小单位。而与牛顿同时代的波义耳也认为，物质是由无数众多的微粒所构成的。可是一个色盲的道尔顿却公然向已经被大家接受了的科学理论发出了挑战。这个挑战让门捷列夫异常兴奋，沃斯科列森斯基教授的鼓励更加坚定了门捷列夫的信念。他感到，道尔顿的原子论不仅给他描绘了物质世界的微观情景，而且唤起了他心中强烈的钻研欲望。也许道尔顿也和牛顿一样，其学说也可能存在不正确的地方，但是他看到了探究物质组成的本质原因可能就是道尔顿的"原子说"。那么，为什么不沿着道尔顿的思路，做出一番同样令世人震惊的发现呢？

道尔顿既具有敏锐的理论思维头脑，又具有卓越的实验才能。确切地说，并不是道尔顿首先提出所有的物质都是由极其微小的、不可毁坏的粒子——人称"原子"组成的。这个概念是由古希腊哲学家德谟克里特提出来的，甚至在他以前可能就有人提出过。另一位希腊哲学家伊壁鸠鲁采用了这一假说。罗马作家留克利希阿斯在他的著名诗歌《论事物的本质》中对这一假说做了生动形象的介绍。

德谟克里特的学说未被亚里士多德接受，在中世纪受到了忽视，对现代科学没有什么影响。但是 17 世纪，包括艾萨克·牛顿在内的一些科学家支持过类似的学说。不过早期的原子学说都没有定量表达，也没有用于科学研究，最根本的是谁也没有看到哲学的假想和化学的研究事实之间存在的联系。

这就是道尔顿的贡献所在。他提出了一个明了的定量学说，可以用来解释化学实验，并经受住了实验室的精确检验。

化学中的新时代是随着原子论开始的。1808 年道尔顿继承古希腊朴素原子论和牛顿微粒说，提出原子学说，其要点包括：化学元素由不可分的微粒——原子构成，它在一切化学变化中是不可再分的最小单位；同种元素的原子性质和质量都相同，不同元素原子的性质和质量各不相同，原子质量是元素的基本特征之一；不同元素化合时，原子以简单整数比结合。道尔顿还推导并用实验证明了倍比定律，即如果一种元素的质量固定时，那么另一元素在各种化合物中的质量一定成简单整数比。

道尔顿是最先从事测定原子量工作的，他提出用相对比较的办法求取各元素的原子量，并发表第一张原子量表，为后来测定元素原子量工作开辟了光辉前景。

道尔顿的探究深深地吸引了门捷列夫，道尔顿的奋斗历程更让门捷列夫敬佩。

道尔顿出生在英国坎伯兰的一个贫困的乡村，他的父亲是一个纺织工人。当时正值第一次工业革命的初期，很多破产的农民沦为雇佣工人。道尔顿一家的生活十分困顿，道尔顿的一个弟弟和一个妹妹都因为饥饿和疾病而夭折。道尔顿在童年根本没有读书的条件，只是勉强接受了一点点初等教育，十岁时他就去给一个富有的教士当仆役。也许这也算是命运赐予他的一次机会吧，在教士家里他又读了一些书，增长了很多知识。

1781 年，年仅十五岁的道尔顿成为了肯达耳中学的教师。在教学之余，他一边系统地自学科学知识，一边进行气象观察。在这里他还结识了著名学者豪夫，他从豪夫那里学习了很多知识，教学水平迅速提高，四年以后，便成为了肯达耳中学的校长。1793 年，在豪夫的推荐下，道尔顿又受聘于曼彻斯特的一所新学院。在这里他出版了自己的第一本科学著作——《气象观察与研究》。1799 年，道尔顿把大部分精力投入到科学研究中。他越来越重视对气体和气体混合物的研究。道尔顿认为，要说明气体的特性就必须知道它的压力。他找到两种很容易分离的气体，分别测量了混合气体和各部分气体的压力。结果很有意思，装在容积一定的容器中的某种气体压力是不变的，引入第二种气体后压力增加，但它等于两种气体的分压之和，两种气体单独的压力没有改变。于是道尔顿得出结论：混合气体的总压等于组成它的各个气体的分压之和。道尔顿发现由此可以做出某些重要的结论，气体在容器中存在的状态与其他气体无关。用气体具有微粒结构来解释就是，一种气体的微粒或原子均匀地分布在另一种气体的原子之间，因而这种气体的微粒所表示出来的性质与容器中没有另一种气体一样。道尔顿开始更多地研究关于原子的问题，他顽强地进行研究工作，寻找资料，动手实验，不断地思考……

同年 10 月 21 日，道尔顿报告了他的化学原子论，并且宣读了他的第二篇论文《第一张关于物体的最小质点的相对重量表》。道尔顿的理论引起了科学界的广泛重视。在科学理论上，道尔顿的原子论是继拉瓦锡的氧化学说之后理论化学的又一次重大进步，他揭示了一切化学现象的本质都是原子运动，明确了化学的研究对象，对化学真正成为一门学科具有重要意义。此后，化学及其相关学科得到了蓬勃发展。在哲学思想上，原子论揭示了化学反应现象与本质的关系，继天体演化学说诞生以后，又一次冲击了当时僵化的自然观，为科学方法论的发展、辩证自然观的形成及整个哲学认识论的发展具有重要意义。

道尔顿一生正如恩格斯所指出的：化学新时代是从原子论开始的，所以道尔顿应是近代化学之父。

道尔顿的发现震惊了英国科学界和世界科学界，为人们提供了一个探索化学世界的新视角。人们趋之若鹜，争先恐后地去测定不同元素的原子量。道尔顿"原子说"的精彩之处，确实攫住了门捷列夫的心。他感到，道尔顿的原子论不仅给他描绘了物质世界的微观情景，而且也给他自己未来人生的发展指引了方向。门捷列夫索性放下他深感兴趣的瑞典化学家贝采利乌斯的电荷学说，把目光集中在了道尔顿的"原子说"上。他像着了魔似的废寝忘食地钻研原子的实质。在沃斯科列森斯基主持的课堂讨论中，门捷列夫神采飞扬地谈起道尔顿的原子论。他称赞了道尔顿原子论的真知灼见，评述其中的不足和优点，将自己对原子论的看法娓娓道来，有理有据。

不错，古老的原子论流传了两千多年，但古希腊的先哲们只是猜想出了原子，而不是测出了原子，只是提出了原子的概念和思想，并未通过实验或其他方法加以证实。先哲们甚至认为人的灵魂也有原子，认为原子是一种非常小、圆而光滑的微粒。可见，早期的原子学说是闪光的真理和浑浊的谬误杂糅在一起的，是人类思想的产物而非科学研究得出的真理。

道尔顿给这一古老的学说带来了新的转机和实证依据。众所周知，道尔顿测定了当时已知的二十多种元素的原子重量，并将所有元素中最轻的氢原子的原子量定为1。尽管他的测定还不是很准确，但他的思路与做法为后人开辟了一条崭新的化学道路，为定量地探索化学变化的规律提供了科学的方法。门捷列夫还大胆提出：道尔顿的测定很可能还表明，在化学变化的过程中，参加化学反应的物质之间存在着某种规律性的东西，这个规律正期待着大家去发现。门捷列夫的观点引起了同学们的热烈讨论，沃斯科列森斯基教授深刻地感受到，门捷列夫一定会在化学史上描绘出最为灿烂的一笔，他将成为化学史上的一颗耀眼闪亮的明星。下课后，老师留下了门捷列夫，和他进行了一番长谈。

"你为什么要钻研道尔顿的理论？"沃斯科列森斯基教授问道。

"因为他明确了化学的研究对象，对化学真正成为一门学科具有重要意义，从而使化学及其相关学科得到了蓬勃发展，还有就是道尔顿的理论是我现在的梦想。"门捷列夫回答道。

"你知道吗？在道尔顿家楼对面住着一家人，家中的主妇清晨总是看到道尔顿起床就给家人准备早餐，几十年从未改变过，知道为什么吗？"

"这是因为道尔顿教授从 1787 年开始连续观测气象，几十年如一日地测量温度，从不间断，而且保持在每天早上六点准时打开窗户，一直到临终前几小时还做了最后一次气象记录：微雨……今晚。他共记下约 20 万字的气象日记，27 岁时出版了《气象观测与研究》一书。书中描绘了气压计、温度计、湿度计等一些装置，巧妙地分析了降雨和云的形成过程、水蒸发过程、大气层降水量的分布等现象，深受读者喜爱。"

沃斯科列森斯基满意地说："看得出，你很用功，也很用心，能针对一个问题提出非常有价值的观点和想法。那么，你今后有什么新的打算吗？"

门捷列夫掩饰不住内心的兴奋，自信地说："道尔顿的理论也并非尽善尽美，但道尔顿的方向没错。我想沿着道尔顿的研究方向去努力，寻找原子论的实质，找到物质构成的本质，建立一套新的化学理论体系。"

沃斯科列森斯基认真地听着，许久说道："道尔顿教授就像一只勤劳的蜜蜂。蜜蜂酿蜜，哪怕是一点点蜜也需要采集千百朵花儿。这给了我们启示——雄心壮志与好高骛远的差别仅在于：前者的目标建立在一件件小事恒久积累的基础上，后者却不屑于从小事做起……"

门捷列夫感激地望着沃斯科列森斯基教授说："您的意思我明白，我会像道尔顿一样勤奋与坚持，这样才会为科学作出一点点事情。"

教授满意地笑了："你是一个非常勤奋、有前途的青年。我提醒你注意道尔顿的本意，并非催促你现在就要建立什么新的理论体系。我说过，化学正处于即将发生巨变的大风暴时期，但是如果不像道尔顿那样记下一个个'微雨''多云'，机遇和成绩将与你失之交臂，'雷鸣''电闪'将化作别人的华丽乐章。对于道尔顿或者其他伟人，你或许还要了解他们的另一面，你知道吗？1808 年，法国化学家吕萨克在原子论的影响下，发现了气体反应的体积定律，实际上这一定律也是对道尔顿的原子论的一次论证，后来也得到了其他科学家的证实并应用于测量气体元素的原子量。但是吕萨克定律却遭到了道尔顿本人的拒绝和反对，他不仅怀疑吕萨克的实验基础和理论分析，还对他进行了严厉的抨击。1811年，意大利物理学家阿伏加德罗建立了分子论，使道尔顿的原子论与吕萨克定律在新的理论基础上统一起来，但他也遭到了道尔顿无情的反驳。1813年，瑞典化学家贝采利乌斯创立了用字母表示元素的新方法，这种易写易记的新方法被大多数科学家接受，而道尔顿一直到死都是新元素符号的反对派。但是道尔顿还有一方面，为了把自己毕生精力献给科学事业，道尔顿终生未婚，而且是在生活穷困的条件下，从事着科学研究。英国政府只是在欧洲著名科学家的呼吁下，才给予他养老金，但是道尔顿仍把它积蓄起来，奉献给曼彻斯特大学用作学生的奖学金。他对科学的热爱始终如一，所以门捷列夫你要学会遥望。遥望——懂吗？只有遥望，视野才能足够地开阔，才能看清伟人的成就与不足，才能从伟人的身上汲取精华，让自己更为优秀。所以，对于刚刚走上科学之路的年轻人来说，太急于求成地专注于崇拜某一个人，就像蜜蜂只采一朵花。"

"那么，沃斯科列森斯基教授，您认为我现在应该如何去做呢？"

"从小事做起，从点滴做起，这并不妨碍你进行志向远大的探索。既然你从小对矿物感兴趣，何不选些矿物来研究呢？比如，你可以进行矿石或化学溶液方面的研究。从一个个小项目开始，学会研究问题的方法，打下牢固的基础。这样，我相信在不久的将来，化学大风暴会奏响属于你的乐章。"

仿佛是阳光驱散了障眼的阴霾，门捷列夫顿时感到了一种极目千里的快意，找到了自己前进的方向。他为自己有沃斯科列森斯基这样诲人不倦的好老师而深感欣慰。他怀着满心的欢喜和信心，按照老师指点的方向，开始了艰苦的跋涉。

在内心深处，他仍深深地崇敬道尔顿，但遥望的目光已把道尔顿变成了像波义耳那样的巨星，他们闪烁在深邃的天空，每当他迷茫困惑时，那些星星便会在心中冉冉升起，在无言中向他灌注着力量、信心和勇气，为他指明前进的方向。

第三节 火中的涅槃

刚刚9月，圣彼得堡的天地间便是一片肃杀。纷纷扬扬的雪花几乎是踏着刚刚离去的夏天的脚印匆匆而来，略过秋季，漫长的冬季就这样不期而至。

每天清晨，随着"吱吱"的踏雪的声音，门捷列夫总是迎着刺骨的寒风，抱着一堆实验资料，第一个来到实验室，雪地上总是最先留下门捷列夫的脚印。等同学们都起来后，看看雪上的脚印，就知道门捷列夫已经在实验室里工作大半天了，因为那些足迹已经不太清晰了。有时，这条足迹又改变了方向，通向图书资料室，但目的都是一样：探索物质世界的奥妙，寻找科学的真理。

门捷列夫整天埋头在实验室里。在沃斯科列森斯基教授的指导下，他专心致志地进行着芬兰褐帘石和辉石的研究。

屋外天寒地冻，屋内门捷列夫心中却热情似火。这份化学热情激励着他前进。当他的熊皮靴子踩在厚厚的白雪上，脚下发出吱吱的响声时，他便想起一个含义幽深的词：淬火。

是的，他现在就好似在淬火。每天早晨，在其他同学还在梦乡时，他总是咬紧牙关，把自己从温暖的梦乡拽醒，一头钻进冰冷的实验室。生活条件异常艰苦，没有热水，他就用冷水洗脸，那感觉就像用刀子割着皮肤。有时，他甚至是在屋外掬一捧雪来擦脸。

条件如此艰苦，但门捷列夫的研究进行得如火如荼。有同学说他疯了，简直在玩命，他笑笑，不置可否。他清楚地知道拼命地学习，只因为他铭记着母亲的遗训：要辛勤地劳动，不要欺骗自己，不要花言巧语……他要实现自己的理想来回报母亲。

1852 年的最后一天，虚弱的门捷列夫晕倒在了实验室。同学们把他送到了学校医院。他咳嗽得非常厉害，两耳嗡嗡作响，全身无力，医生检查后要他马上住院治疗。一天护理员在收拾床铺时发现，门捷列夫的床下有许多研究矿石的资料，原来他偷偷地把自己的研究资料都搬进了病房。病情稍一好转，门捷列夫便迫不及待地出院了。结果，出院没多久他旧病复发，不得不再次被禁锢在医院的病房里。他感到胸闷，疲劳感时时袭来，无法缓解的咳嗽使他的喉咙疼痛难忍，吐出的痰带着血丝。

医生的最后诊断是：肺结核。

肺结核，这在当时是无法医治的绝症啊！也就是说门捷列夫被疾病判了死刑。门捷列夫惊呆了，他的情绪非常低落，甚至是绝望。这简直就是晴天霹雳。夜如此的漫长，窗外异常的寒冷，门捷列夫似乎感到死亡之神正在向他扑来，他伸出双手推挡，可是双手是那么的无力，他想逃避，可是四处空荡荡的，他无处藏身。他陷入了深深的绝望之中。这时，他的老师同学们来到了他身旁，沃斯科列森斯基教授坚定地告诉门捷列夫："人生道路上，有苦有甜，有哭有笑，有失败也有成功。面对一个挫折、一次失败，也许有人会一蹶不振，因此而自卑，自暴自弃。但是，你是否知道沙子成为珍珠的过程是多么艰辛，世界上不存在一帆风顺的人。相信自己，你也是一颗闪亮的珍珠。每一位名人与伟人，他们的成功背后都有着不可言喻的辛酸与痛楚。其实，我们的成功也一样。要想成为一颗闪亮的珍珠，就不要害怕道路上的荆棘与坎坷，即使被它刺伤、刺痛，那也是值得的。因为，你也是一颗闪亮的珍珠，是珍珠就要经受住磨炼。病痛不能成为你失败的理由，它可以让你去挑战生命的极限。"

教授的话语给了门捷列夫无穷的力量。望着这个宁静的冬季，来到南郊沃尔柯夫斯基墓地，门捷列夫独自徘徊在母亲的墓前，回味着现在以及已过去的时间，深嗅着未来散发出的诱人的清香。雪花飘飘，轻柔地洒向大地，它晶莹透亮，似白莲，似柳絮，似梨花，轻轻盈盈，门捷列夫从未感觉冬天是如此的美丽。雪越下越大，随风旋转、飞舞，一时间弥漫天空。雪的气势震撼了门捷列夫，病魔可以把人置于死地，但是同样也可以使人置于死地而后生，我就是那火中的涅槃。生命的结局不重要，但是我必须要享受生命的这个过程。

门捷列夫开始坦然面对病魔，他积极配合医生的治疗，同时索性把病房变成了书房和工作室。医生和护士被他的执着和顽强打动了，他们为门捷列夫打开了方便之门，任由门捷列夫在病房里疯狂地工作，同时他们也在寻找更好的疗法。奇迹居然出现了，门捷列夫的病情不但没有继续加重，甚至有所好转。他调侃地问医生，如果诊断确实没有错，那么我是否可以这样理解：加倍地工作可以治疗肺结核？大家都被门捷列夫的幽默逗笑了，他们也非常高兴挽救了一个有为的年轻人的生命。

初秋，他的病基本好了，同时他也开始收获了：他对芬兰褐帘石的研究完成了。沃斯科列森斯基教授用近乎挑剔的目光审读了他的研究报告，然后满意地笑了："看来病魔没有吓住你，你倒是借此养病的时间钻研出成果，磨砺了自己。"随即，教授写下了这样的评语："此一分析做得非常出色！值得刊登在俄罗斯矿物学会的会刊上。"

门捷列夫大受鼓舞，他再接再厉，于第二年年初又完成了另一篇矿物研究论文《从鲁斯基拉到芬兰的辉石》。

随后，他又编写了第一篇科学论文《关于芬兰褐帘石和辉石的分析》，发表在矿物学协会的刊物上。

同学们对门捷列夫在养病期间"养"出了这么多优秀的论文非常惊讶：在医院里，究竟是死亡之神在威胁门捷列夫呢，还是智慧之神在眷顾门捷列夫？只有门捷列夫最清楚这一切是怎样得来的。他独自一人对抗死神，把死亡之神的威胁视为一种"淬火"，一种磨炼。如果任何苦难和不幸都是对人生的一次考验，是对生命的一次淬火的话，那么有的人会因这种淬火而更坚强，有的人则因无法忍受而不堪一击，一蹶不振。门捷列夫就此淬火，磨炼了自己的意志。

随即他又开始了新的挑战，开始了新方向的探索——对同晶现象进行研究。他很快就被这个研究课题深深地吸引了。门捷列夫又开始了拼命地工作，他的世界里又没有白昼和黑夜的界限了，一日三餐也分不清哪顿是哪顿。每次吃过饭，他就走到装满各种试剂瓶的架子前。护理人员刚把门关上，他就迫不及待地悄悄抱起书来，开始查阅所需的资料，记录相关文献和内容。

同晶现象确实是奇妙的：一种化合物中以某一部分被其他相似结构代替时，并不改变其结晶形态。这种现象对他的吸引力，丝毫不亚于童年时在妈妈的玻璃厂里红色黏液勾起的向往。

门捷列夫几乎把自己浸泡在了实验室里，他乐此不疲地反复观察，看同晶物怎样从溶液中结晶而出，成为同类构造的混合结晶体。有时他觉得观察的过程甚至比得到结果更有趣，他完全沉浸在他的工作中，幸福着，享受着。

门捷列夫决定把对同晶现象的研究成果作为自己的毕业论文。门捷列夫在研究这个小的实验课题时并未忘记心中的那个大目标。每次有收获时，他总要问：能否从同晶物质的各原子中间找出它们互相联系的规律呢？能否追根溯源探索物质的构成本质呢？

门捷列夫的工作热情感动了学校的老师和同学。为了保护他的学习热情和研究热情，在学校的校务会议上，学校决定让他转到南方的基辅大学深造。这个决定使门捷列夫的心中充满了温暖，他觉得学校对他的关心比南方的温暖气候更值得珍惜。门捷列夫想起沃斯科列森斯基教授对他的悉心指导；想起跟同学们见仁见智地研讨……他无法割舍充满美好记忆的圣彼得堡，这些温情激励着他继续奋斗，继续前行……

1855年，门捷列夫通过了毕业考试，考试成绩名列全校第一。当金灿灿的奖章戴在他的胸前并伴着如潮的掌声时，他不禁热泪盈眶，心中感谢恩师沃斯科列森斯基教授对他的指导与鼓励，感谢同学们对他的关心。同时，他的心中更是默念：妈妈，我没有辜负你，我在慢慢走向成功。

回到寝室，他的心潮久久难平。他走出屋子，只见满天繁星闪烁，仰望着深邃的夜空，他感慨万千……

我是谁？我只是来自偏远的西伯利亚的一块不起眼的矿石。若要成为一把能为俄罗斯科学界披荆斩棘的利斧，就得百炼成钢，需要无数次的锤炼，无数次的淬火。淬火，是勇敢投身到冰凉的液体中，当炽热的火焰突然熄灭，在水雾的蒸腾中冷却时，无比坚硬的特性已经渗入到骨子里。这些年来，病魔对自己身体和心理的折磨，以及自己的勇敢抗争和钻研，不正是一次次锤炼，对生命的淬火么？

当然，坎坷的人生并不会就此步入坦途，命运今后还会毫不留情地把一次次不幸强加于我。但经历了这次的淬火后，我已经有足够有力的铁拳，足够坚强的内心，将命运的挑战击退。这就像西伯利亚通红的火炉，能使石头最终成为晶莹剔透的玻璃一样，将普通化为神奇……

第三章

人 在 天 涯

　　人生之幸是求学遇恩师，恩师如明灯照亮并指引你正确的人生路。门捷列夫在求学时遇到几位恩师，对他的科学研究乃至人生都起到重要作用。再加上门捷列夫自己超乎常人的努力与勤奋，终于成为了一个化学界的历史性科学家。

第一节 风 华 正 茂

1855 年 7 月，南方的辛菲罗波尔走来了一位博学、智慧的年轻人，他就是圣彼得堡师范学院金质奖章的获得者——门捷列夫。他的脸上呈现出与年轻人不相称的刚毅，仿佛蕴含了愁苦与力量。

一个残酷而又戏剧般的巧合改写了门捷列夫的生活，命运又一次和他开了一个大大的玩笑。师范学院金质奖章的获得者是可以有资格挑选工作地点的，门捷列夫兴致勃勃地选择了敖德萨。这个小镇有专门的学术研究会，有馆藏丰富的图书馆，还有条件颇好的实验室。这些正是门捷列夫所期待的。然而国民教育部的官员们把门捷列夫的名字与另一个毕业生的名字搞颠倒了，结果那个人去了敖德萨。别无选择，门捷列夫只能去辛菲罗波尔。

老师和同学们都感觉到太不公正了，沃斯科列森斯基教授亲自为门捷列夫力争，然而迂腐的教育官员置之不理，态度傲慢地拒绝了，门捷列夫又一次站在了命运的十字路口。

门捷列夫选择了坦然接受，笑对不公与挫折。他知道跌跌宕宕，起起伏伏，这犹如人生。只有低音与高音的糅合才得以谱写出震撼人心的乐曲；只有光明和阴影的辉映，才看得见最美丽的风景；只有悲苦和欢喜的交织，生命才会有更绚丽的色彩。

缺憾与完美的交织，定会造就别有风味的人生。一个人若只是在安定中度过一生，诸事一帆风顺，平淡安然，那么这必定也是一个无趣的人生。人生在世，我们应该活得精彩，活出韵味，活出境界。怀揣着儿时的梦想，带着满腹学识，带着一身病痛，门捷列夫开始了新的人生旅程。面对苍穹，面对未知，他发出了高声的呐喊：把这一切当成是命运安排的又一次淬火，又一次锤炼吧！

此时，俄国军队正与英、法、奥、土联军在塞瓦斯托波尔摆开战场。辛菲罗波尔位于塞瓦斯托波尔附近，紧邻战场，自然也就硝烟弥漫，到处可见军火仓库、医院和伤兵。

在辛菲罗波尔，门捷列夫很快与医术精湛的外科医生比罗戈夫成为了好朋友。不久后，比罗戈夫为门捷列夫做了认真且系统全面的检查后，面带喜色地说："我可以断定，你的病不是什么肺结核，而是一种心瓣膜病。这种病并不危险，不是不治之症，更不会致命，对症治疗后会痊愈的。"

"真的？居然是这样！你再说一遍！"门捷列夫难以置信地使劲地摇着比罗戈夫的肩膀。

"是真的，我来帮助你治疗，一定会好的。"比罗戈夫坚定地说道。

多年来久压在心头的阴霾顿时烟消云散，门捷列夫抬起头望着高远的天空，暮霭沉沉的苍穹忽然晴空万里，霞光万道。他放眼望去，看到的是那些挺拔翠绿的树木悄然脱下了绿色的衣裳，漫山遍野一片金黄。

秋风，凉丝丝的，吹拂着花草树木，也抚摸着门捷列夫，好像温情的母亲正轻轻地哼着催眠曲把自己的儿子送进甜蜜的梦乡。

秋雨蒙蒙，飘飞的雨丝丝缕缕，密密麻麻，轻轻柔柔，门捷列夫感到了一阵阵的凉爽、快活、惬意。

秋天，象征着成熟，意味着丰收。这样美好的季节，门捷列夫决心用自己的知识与智慧为国家尽自己微薄之力，让祖国的秋天永远美丽！

门捷列夫的不言之痛消散了，他又重新燃起了生命之火，仿佛看到了美好的明天在向他招手。

他欣喜地在阳光下踱着步，抑扬顿挫地念诵着普希金的诗歌——甜润的竖琴，重新响起了青春的乐曲。我抱着复活的竖琴，弹出嘹亮的颤音……他在心中不断地弹奏着欢乐的竖琴。他就是这把复活了的竖琴，他的人生又有了新的开始。

当秋风萧瑟、寒雪初降时，门捷列夫怀揣着一个月的工资和满心的希望以及人生的斗志，离开辛菲罗波尔去敖德萨。他将到敖德萨一所历史悠久的中学任教，同时利用那里大学的实验室和图书馆，做实验，查阅资料，以准备他的硕士论文《论比容》。

在敖德萨，门捷列夫的心情极好，状态极佳，论文进展顺利，仅一个月就完成了。在这篇论文里，门捷列夫再次把敏锐的触角伸向了对物理化学的探索。他在论文里指出：比容使人们有可能根据固体的体积来区别"取代现象"和"化学现象"，并指出了根据比容进行化合物自然分组的途径。

"自然分组"！当这个耀眼的词映入专家们的眼帘时，他们仿佛看到了论文作者熠熠闪光的智慧，看到了化学研究中的一颗新星正在冉冉升起。

一年后的1856年初夏，门捷列夫到圣彼得堡大学参加了硕士毕业考试。人们再次见证了他的非凡实力：在所有的考试科目中，门捷列夫都获得了最高的评价，是当之无愧的优秀毕业生。

当金色的秋天到来之时，也是门捷列夫开始收获的时候，门捷列夫提交的硕士论文顺利通过了。国民教育部的官方消息报道："9月9日在圣彼得堡大学，前师范学院学生、现任敖德萨中学自然科学主任教师的门捷列夫提交了自己所写的《论比容》论文……作者的研究论文其内容、角度、实证及其最后所提出的原理得到了专家们的一致赞同……"

一个月后，门捷列夫为获取大学授课资格而提交的论文《论含硅化合物的结构》又获通过。因为这些丰硕的研究成果及其很高的科学研究能力，次年，23岁的门捷列夫被聘请成为圣彼得堡大学化学教研室的副教授，许多在校学生的年龄都比他还大。他在登上讲台讲授化学课程的同时，还担任了系里的行政秘书。教学和行政的双重重担同时压在他的肩上，他却仍在努力地研究探索，经常有研究成果在国内外的杂志上发表。人们一致认为：这个年轻有为的副教授将成为俄罗斯化学泰斗齐宁和沃斯科列森斯基的继承者。

在科学研究和探索的宽阔海洋里，门捷列夫浑身是劲。他觉得这时自己的研究才真正走上正轨，可以风雨兼程地跋涉攀登了。当时，俄罗斯的科学、工业、教育等一切都还太落后，被欧洲其他资本主义国家远远地甩在后面。门捷列夫要毫不懈怠地努力工作，投入自己全部的热情和智慧，去改变祖国母亲的现状。

然而，人生又一次的考验来临了。当时门捷列夫的工作条件十分简陋。实验室更像冰冷的地窖，像密不透风的牢笼，像破烂不堪的小作坊。清晨的阳光丝丝缕缕，如同细雨般洒落在眼前这好似梦幻的房子上，洒遍每一个被年代尘封的角落，空气中弥漫着腐叶的气味，顺着这味道寻去，映入眼帘的是小路上遍布青苔的小石屋。手指轻轻抚摸着冰凉的石头，心中涌现的是一种沧桑的感觉。在这里，空气仿佛都停止了流动，门被推开的吱嘎声异常的刺耳。小小的石头房子就仿佛是历史沉淀后留下的一粒尘埃。

在这样的条件下根本无法进行像样的实验，更不用说科学研究了。没有排气和通风设备，每次做实验，刺鼻的化学试剂气味就弥漫在整个实验室，根本无法长时间停留在这样的屋子里。

"我们简直像污泥浊水中的鱼儿!"门捷列夫和同事们无可奈何地摇着头。

确实,这实验室就是个污水池。可怜的"鱼儿"必须浮出水面,才能得到点儿纯净的空气,否则"鱼儿"们就会被憋死。因此,无论雪花纷飞,还是狂风骤雨,他们在实验室待会儿,都必须不时地冲出实验室,到户外大口大口地换气,呼吸新鲜空气。

更可悲的是,这个"污水池"简直就是当时整个俄罗斯科学界境况的真实写照,科学家们几乎都没有像样的条件进行科学研究。科研经费奇缺,就连当时俄罗斯最卓越的化学家齐宁,每年所得到的化学实验经费也只有区区 30 卢布,其他人的经费更是少得可怜。说起科研设备就更令人无奈——全圣彼得堡买不到试管,甚至连橡皮接管都必须自己动手制作。"实验室越简陋,实验成绩越优秀",这种科学家中流行的冷幽默,流露出的是他们对现实无可奈何的苦涩。

最让人无法忍受的是,只有副教授职称的门捷列夫不能按时领到薪金,月月入不敷出。为了生存,他不得不另谋生计,开始靠发表文章来赚取一点微薄的稿费。他必须利用这些微薄的收入来补贴日常生活的开销,还要设法让人到国外购买一些实验器材来武装他的实验室。

门捷列夫把满心的忧虑写信告诉了他的恩师沃斯科列森斯基教授。"经济条件太差了,科研条件太差了!即便是研究染料这种极为简单的实验,也要折腾好多天才能准备齐实验用品。我为此在《国民教育杂志》上发表了多篇文章，呼吁政府能改变这种状况，可惜都石沉大海……科学不发展，工业就不可能飞跃，俄罗斯就无法改变落后的面貌，就无法追赶那些比咱们国家强大的国家，国家兴旺发达的出路在哪里?"

沃斯科列森斯基教授回信道："情况确实糟透了。就连我这样的教授，也得在五所高等学校兼课，才能维持一家人的生计，否则家人就会面临吃不饱的状态，而且，这种状况不可能在短期内改变。门捷列夫，你是一位优秀的化学家，你要审时度势，不能错过时机，你要寻找更好的出路。你风华正茂，不能做那污水中的'鱼儿'，你应该浮出水面做'蛟龙'，去外面呼吸些新鲜的空气来充实自己，完善自己，让自己腾飞起来。你争取去国外吧，去深造几年，长一副坚硬的翅膀回来，让自己强大起来，更好地为国家服务。你可以尽快给教育部写信提出申请，我会尽力帮你。"

经过沃斯科列森斯基的多方努力，1859 年门捷列夫终于被批准出国进行"科学研究深造"，时间两年，地点由他选。考虑到自己的研究课题需要进行大量的实验和准确的分析，他最后选定了德国著名的大学城——海德堡。

临行前，恩师沃斯科列森斯基教授语重心长地对门捷列夫说："早在一百多年前，罗蒙诺索夫就为俄罗斯化学界赢得了声誉。你还记得吗，几年前我曾劝你不要急于建立什么新体系。而现在，我却要建议你，必须十分注意理论的发现和建立了。因为，你已不再是当年的二年级大学生，你是俄罗斯优秀的青年化学家，是未来俄罗斯科技发展的新星。但即使是关注和进行实用工业技术的研究，也必须在理论上进行探索创新。去吧，到海德堡后代我向本生教授问好。"

1859 年 4 月 14 日，门捷列夫启程赴德国海德堡深造。告别了圣彼得堡，离开了俄罗斯，但他的心情却没有半点儿"浮出水面"的轻松，他感到身上的担子更重了。故乡渐行渐远了，门捷列夫像秋蓬一样，开始了孤独的留学生涯。这一刻的离别是在一个春天的季节，万物复苏，春回大地，生机勃勃。然而对祖国的眷恋之情却犹如秋雨般的凄凉。

多少个月圆的夜晚，独倚窗台，冷月无声独思乡。多少个午夜梦回，泪水打湿了棉被。他一遍遍告诫自己：为了俄罗斯不再贫穷落后，为了俄罗斯的繁荣昌盛，为了俄罗斯的科学界也有甜润、清新的空气，为了母亲的期待，我必须时刻牢记自己肩负的重任，学会担当。

第二节 良 师 益 友

海德堡不仅有着引以为荣的中世纪城堡，它还拥有欧洲最古老的教育机构之一——海德堡大学。

门捷列夫站在海德堡大学那座用红色巨石砌成的图书馆前，漫步在山腰栗树林间的"哲人"路上，或者穿过横跨内卡河的卡尔泰多大桥和河畔的森林，拾级登上小山的最高点极目远眺……在绿树的掩映下，大学城散发着古老且迷人的韵味，门捷列夫陶醉在难以言说的感慨中。他不是为观光而来的，但他不能不叹服眼前这座大学城的美丽和韵味深长。

到了海德堡后第三天，门捷列夫便迫不及待地去拜访著名化学家本生教授。在瓦斯灯明亮的光线下，本生高兴地打量着门捷列夫这位年仅 26 岁的年轻的俄罗斯化学家。一副魁伟的身材，炯炯有神的目光中满是自信和睿智，垂肩的长发有着年轻人的朝气，也带有学者的儒雅，更带着些许的西伯利亚的粗犷和豪放。

"海得堡欢迎你，年轻人，在这里好好汲取科学的营养吧。"年近半百的本生教授微笑着说，"我是 18 年前到海德堡大学的。之前，我在卡塞尔和马尔堡进行卡可基的研究。卡可基是个可恶的魔鬼，它夺去了我的一只眼睛，但是我不恨它，也不后悔研究给自己带来的伤害。不过，你可能还不知道，我这个独眼人近来看到了什么！"本生兴致勃勃地谈起了化学元素。他说，最近在研究一种矿泉水时，先分离出了钙、锶、镁、锂等以后，再将母液滴在火焰上观察。"哈，透过分光镜，我看见了两条从来没有见过的鲜艳的蓝色光线。我反复观察比较，断定其中必然有一种新的元素存在，我抓住了这个新的元素！新元素，是多么刺激，

多么令人欢喜啊！亲爱的年轻人，我把这种新元素命名为
'铯'，意思是'蓝色的天空'。多么美妙啊，蓝色的天空，
深远而奇妙，充满了幻想与宁静！"

门捷列夫听本生教授讲着自己的经历与发现，备受鼓
舞，他兴趣盎然地问道："据我所知，人们已经很久没有发
现过新的元素了。自从 16 年前，俄罗斯喀山大学的克劳斯
教授在乌拉尔白金矿找到'钌'元素以后，就一直没有新
的元素被发现。当时有人说，也许地球上就只有这 57 种元
素。而现在您又发现了新的元素，这是否预示着未来还将
有若干种新元素会被发现呢？如果是这样，我们能否预测
出地球上究竟还有多少种尚待发现的元素呢？"

"预测待发现的元素，这恐怕不可能。化学与巫术、占
星术不同。巫术、占星术声称可以预言一切尚未发生的事
情，但是化学只研究已经出现和存在的事实、经验。我现
在只能说，我将尽力寻找新的元素，哪怕实验再夺去我仅
有的一只眼睛。不过，在没确定找到以前，我不敢妄言结
论，也不能预言尚待发现的元素。或许还能再找到一两个，
或许再也一无所获。化学就是这样。"说到这里，本生像发
现了什么，热情地看着门捷列夫，"年轻人，你现在在研究
什么？到我的实验室来吧，我们一块儿搞光谱分析，怎么
样？也许通过光谱分析，我们能再次发现新元素。"

门捷列夫摇头说："光谱分析？我还从未研究过，在这
方面没有积累和经验，可能无法为您做点什么。到海德堡
来，我想研究一门能使化学、物理学和力学相结合的专门

科学。因为我确信化学的亲和力与内聚力是一回事，并确信如果不知道分子内聚力的大小，就不可能完全解决关于化学反应原理的问题，我想探寻化学反应的实质。因此，我想选择这个很少有人问津的课题作为自己的研究方向。"

"你的想法很有趣，有自己独到的见解，不过你得有心理准备，若是离开大道去另辟蹊径，是极易迷失在黑森林中的。"

门捷列夫笑道："既然先生您为了化学研究不怕再失去一只眼睛，我又何必怕进得去出不来呢！"

本生豪爽地大笑起来，继而赞赏地说："看得出来，你的研究课题不仅着眼理论，更具有实践意义，你没忘记俄罗斯的工业。我在游学时期，也专门去参观各地的化学工业。你既然出来了，也去欧洲各国看看吧。化学家对于发展工业负有不可推卸的责任，我们进行研究的最终目的就是为了富国、强国。年轻的俄罗斯同行，你一定意识到了肩负的重任吧？好啊，就让我们并肩作战吧！走，我带你参观我的实验室。"

本生教授的实验室是用旧教室稍加修缮后建成的。本生说："其实教室原来是教堂，现在一分为二，一间做教室，另一间做实验室。实验室的建筑是简陋了些，但设施一应俱全。欢迎你到我的实验室来。无论你对光谱分析是否有兴趣，我的实验室都对你敞开大门。哪一个化学家都离不开实验，我们都需要做实验，千百次地实验，而你的课题更需要精确的分析和多次的实验。"

门捷列夫心中泛起一阵温暖：百闻不如一见，真是"慈父般的本生"啊！

他随即在本生的实验室里开始做实验进行自己的研究，但仅仅过了几天，他的身体就受不了了。他的旁边有个叫卡利乌斯的正在制取硫化物。这种化合物散发出极为难闻的气味，人长时间地闻这种气味就会头痛、咳嗽。身体向门捷列夫发出了警告。

无奈之下，他索性用自己的出国费用到巴黎和波恩买回所需的设备和化学试剂，再从自己的两间住房中腾出一间，建起了自己的小实验室，这样进行实验和研究就更方便了。

本生抽空来看了门捷列夫的小实验室后说："是简陋了些，不过，毕竟是属于你自己的实验室。当初，我的实验室也好不了多少，由于太狭窄，只好把走廊也安上窗户，并排安装着实验台。对了，你还需要我为你做点什么？缺少仪器还是其他的？至少得安装上瓦斯灯吧！"

海德堡展开她的双臂，热情地迎接着这位来自异国他乡的年轻人，这里环境优美，老师们对他也很关心。这位年轻人更是以加倍的努力和成绩回报这美丽的山水和友好的人们。门捷列夫全身心地投入到自己的工作中。他心无旁骛，专心致志，全身心投入到工作中，几乎注意不到身边发生的一切，有几位德国同行佩服地称他为"拼了命的北极熊"。

门捷列夫满腔热情地投入到研究工作中，很快收获硕果。在一年时间里，他发表了3篇研究论文：《论液体的毛细现象》《论液体的膨胀》《论同种液体的绝对温度》。他在这一年里，心中除了液体还是液体，真是进得去出不来了！

门捷列夫的研究成果给化学界带来了很大的震撼，科学界开始为这位年轻的俄罗斯化学家的研究成果欢呼了。看看吧，他干得多么出色！以前，人们一直认为，只要加大压力就可以使气体液化，对那些无论如何都无法液化成功的气体，人们将之称为"永久气体"。但门捷列夫用实验证明：任何液体在一定的温度下都可以变为气体。从此纠正了这个延续多年的错误，给出了正确的认识。这里所谓的"一定的温度"，叫作"绝对沸点温度"。当一种气体温度高于它的"绝对沸点温度"时，则无论压力加多大，都无法使它变成液体。"以往氧气、氮气、氢气等，它们之所以不能被科学家成功地变成液体，就是因为实验是在高于它们的绝对沸点温度的条件下进行的。只要把这些气体冷却到低于它们的绝对沸点温度，液化就能成功。"

在校园里红色巨石砌成的图书馆前，本生向门捷列夫伸出了那双粗大的手："我应当向你表示祝贺，你的实验完成了液体理论的一项重大突破！"

"应该是我向先生祝贺，听说您和基尔霍夫先生用光谱分析的方法，又发现了一种新元素。"

"是啊，我们将鳞状云母制成溶液，在用分光镜检测时，发现火焰中有了新景象，呈现出数条红、黄、绿的新明线。哈，我们发现了第 59 种元素。我们将它称为'铷'，意思为'最深的红色'。哦，你还有一项发明没告诉我，叫什么'比重瓶'？"

"是的，'比重瓶'是用来精确测量液体相对密度的瓶子。我在童年时就对玻璃器皿的制造非常感兴趣，因此完成这个比重瓶的设计并不困难。有了比重瓶，测量液体的相对密度就既精准又容易了。"

"哈，我们又成同行了！你可能不太知道，我的玻璃细工非常出色，"本生伸出粗糙的手指说，"我的手指不能弹钢琴，但是它不怕高温，我常常在喷灯前自己制作所需要的玻璃仪器，这样做实验就方便了许多。"

门捷列夫兴奋地说："本生教授，今晚我们在'霍夫曼公寓'有一个小型的音乐欣赏沙龙，鲍罗丁演奏他作的曲子，还将弹奏巴赫和贝多芬的作品，您能来吗？"

本生笑着说："谢谢你的邀请！你所取得的研究成果就是一首最美妙的曲子！相比而言，我更喜欢欣赏你作的这种曲子……谢谢你，年轻的俄罗斯'化学作曲家'！"

本生真诚而慈祥地看着门捷列夫，微笑着，那目光，意味深长。

门捷列夫把本生教授的微笑与目光深深地铭记在了心灵的最深处。

门捷列夫还以广阔的知识视野、渊博的知识，把化学、物理学、力学结合起来，通过毛细现象的研究得出了物质分子间具有内聚力的结论。

第三节　水　天　一　色

　　这是一场高雅的音乐盛典，陶冶情操，净化心灵。门捷列夫来到了音乐沙龙，鲍罗丁坐在钢琴前，优美的旋律从他灵巧的手指间流出，回荡在"霍夫曼公寓"的夜空。

　　"霍夫曼公寓"的主人霍夫曼，是海德堡大学的副教授，以前在莫斯科待过。他的妻子彼得罗夫娜是俄罗斯人——一位好客的女主人。留学海德堡的俄罗斯青年学子们常常就在这样的氛围中，不知不觉地形成了一个圈子，并将之称为"俄罗斯科学移民村"。几乎每周，这些来自俄罗斯的青年科学家都要在"霍夫曼公寓"聚会一次，互相交流，互相亲近，虽然远在异国他乡，但却不感孤独。其中包括化学家别凯托夫、萨维奇，生物学家谢切诺夫，医学家包特金，数学家维什涅格拉德斯基等。今晚聚会的主题是音乐欣赏——钢琴演奏，鲍罗丁是主角。鲍罗丁是学习化学的见习生，比门捷列夫晚半年来到海德堡。门捷列夫很欣赏鲍罗丁的聪明好学和多才多艺，鲍罗丁也十分崇敬门捷列夫的科研才华和品格修养。两人很快就成为形影不离的好朋友。

　　鲍罗丁弹了一段巴赫的管风琴曲后，介绍说："巴赫是一颗启明星，他扭转了音乐的地位。当人类历史拉开了17

世纪的帷幕后，巴赫便闪亮登台了。他不满足于让乐器总是处于伴歌伴舞的附属地位，想要乐器能独立演奏，彰显乐器的独特魅力。为了形成一种新的表演风格并充分展示其高超的技巧，巴赫常在乐器演奏上进行各种即兴变化和拓展，以简单的旋律奇迹般地再现了瞬息万变、令人眼花缭乱的场面。一些音乐家为此赞叹不已，认为巴赫用一个简单的主题、一种新颖的形式展示了音乐和乐器的魅力，呼唤出了整个灵魂！"

巴赫曾经说过这样的话："我要用少量的话讲出大量的东西！"

门捷列夫不禁拍案叫绝："这句话说得太精彩了！"

门捷列夫一遍又一遍地在心中重复着这美妙的二重唱：用简单的主题呼唤出整个灵魂，用少量的话讲出大量的东西。他感叹道：音乐与科学，竟是如此的相通。

又一段旋律徐徐展开了多彩的画卷，还是巴赫的名曲。鲍罗丁的演奏流畅、投入、充满感情。当旋律悄然消失许久之后，鲍罗丁把话题拉回到现实。他的解说很沉重："巴赫的创新和突破，招致了他意想不到的结果。很多人反对他的做法，一些人还写密信诬告巴赫。在 1706 年的一份起诉书中对巴赫有这样的指控：他最近在赞曲里作了许多旁门左道的变奏，掺入了许多奇怪的乐调，改变了旋律，使听众深感亵渎了神灵而无地自容。如果他今后仍想掺入变奏，则理应将此段变奏弹完，而不应迅即插入其他音调，擅自修改乐曲，也不能如他现在所常做的那样，陡然进行剧烈的转变……"

在座的人都笑了起来。有人急切地问道："巴赫又是如何反应的呢?"

"巴赫把头上弯曲的假发扯下来,对无端的指责不屑一顾,哈哈大笑起来。他刚刚写好了一首曲子,这首曲子就叫《傻母鸡咯咯叫随想曲》……"

门捷列夫想:这个鲍罗丁对巴赫和对音乐的理解是多么深刻啊!他究竟更适合当音乐家还是化学家呢?

受鲍罗丁对音乐的喜爱和独特见解的影响,此后门捷列夫更加喜欢音乐,喜欢鲍罗丁的旋律了。他还经常与鲍罗丁一同到附近的卡尔斯鲁厄和其他城市去欣赏音乐会和歌剧。

德国的秋天更有一派异国的情调,五彩的森林、平静的湖水、远飞的候鸟……但门捷列夫顾不上欣赏这些美好的景色。他第一次作为化学家国际会议的筹备委员会委员,和鲍罗丁出席了这次在德国卡尔斯鲁厄市举行的会议。能参加这样高规格会议,门捷列夫非常激动。

一百四十多名来自世界各地的包括俄罗斯的著名化学家齐聚一堂,化学界的群星照亮了整个卡尔斯鲁厄。

会议开始后,迎来的是暴风骤雨般的激烈争论。鲍罗丁对此评述道:"化学界的专家们在同唱一首歌,但各自的音调却高低不同。"

不仅仅基本的概念及其表述不统一,更重要的是对一些基本观点莫衷一是。科学家们各持己见,观点针锋相对,谁也无法轻易说服谁。就说原子量吧，欧德林力主每一种元素只有一个原子量；杜马则认为，有机化学与无机化学是两个截然不同的学科，应各有各的原子量……这样观点差异巨大的争论使门捷列夫大开眼界。

就在众说纷纭时，一个名叫坎尼札罗的意大利青年化学家站了出来，用非常自信的口吻说：人们至今争论不休的原子量、原子价等问题，其实在五十多年前就有人给出了正确的答案，这就是意大利著名化学家阿伏加德罗的分子学说。

专家们静了下来，面面相觑：阿伏加德罗？分子学说？怎么没有被化学界接纳和讨论过？然后是不屑一顾地讪笑：五十多年前怎么可能就解决了？天方夜谭！

好了，好了，会议到此该画句号了。还有一些重要的问题未达成共识，那就暂时放着吧。"科学上的问题，不能勉强一致，更不能一次就都解决了！"——专家们众口一词。

尽管大会帷幕就要拉上了，但是坎尼札罗却执拗着，不肯退场。他不想他的观点和言论就此被放下不理，但他也知道专家们不会再花时间去听他讲"天方夜谭"的故事。这不奇怪。他太年轻，名气太小！或许是他的观点很古怪，与大多数人的意见相悖；也可能他所推崇的阿伏加德罗是物理学家而非化学家，这些都可能是言论被忽视的原因。

坎尼札罗的声音显得异常微弱，他的命运已经注定是要被湮没的。

可是倔强的坎尼札罗没有泄气。会后他争分夺秒地把自己的观点写进了一本名为《化学哲理课大纲》的小册子，并迅速印刷出来，分送给专家们。专家们微笑着接过小册子，塞进皮包后向同行们道别，与卡尔斯鲁厄挥手道别。

门捷列夫仔细地研读了坎尼札罗的小册子后发现，坎尼札罗所推崇的分子学说确实论据充实，条理清楚，方法严谨，为确定原子量提出了一条非常合理并令人信服的途径。坎尼札罗在会议上的观点是正确的，应该被重视。

门捷列夫此刻想起了巴赫。坎尼札罗的执着会不会像巴赫的匠心，久久得不到人们的理解，甚至被众人认为是冥顽不灵，不可理喻？

但无论如何，坎尼札罗的名字深深地铭记在门捷列夫的心中——那是一个坚持真理、追求真理、锲而不舍的英勇斗士。他的观点更是天天萦绕在门捷列夫心头。

是金子总会闪光。不久，各国的化学权威们又一致认同了坎尼札罗的观点。一颗被泥沙掩埋了五十多年，无人问津的金子，被坎尼札罗的慧眼发现并奉献给了科学界。德国化学家迈尔这样表述其感受："真像是清除了眼中的尘埃，顿时心明眼亮！"

"鲍罗丁，弹一首吧，为锲而不舍的坎尼札罗，为科学界的又一次胜利！"门捷列夫高声喊道。

旋律响起来了，那是贝多芬用力敲叩着命运之门的声音——《命运交响曲》。这是一部哲理性很强的作品，结构严谨，手法简练，形象生动，各乐章之间具有十分清晰的内在联系。整部作品情绪激昂、气魄宏大，富有强烈的艺术感染力，它抒发着贝多芬对幸福、美好生活的渴望和追求。激昂的琴声也表达了大家为科学界的又一次胜利的喜悦情感。这旋律又像火种，点燃了门捷列夫心中存放已久的干柴，那是在学生时代就占据过心灵的激情与向往——寻找一种"用少量的话讲出大量的东西，用简单的乐符表达出复杂的情绪"的真理。

第四章

流　光　溢　彩

在一个学科领域里常常是一些人在理论方面开疆拓地，标新立异，而另一些人则在应用方面发明创造，大显身手。伟大的科学成就大多在漫长而艰辛的探索后才得以成就。在多位前人的成果基础上，门捷列夫通过多年的不懈探索，慢慢感受到周期律的存在。思考与实验、错误与正确，反反复复，不气不馁，他终于寻得化学"黑森林"里的宝贝——元素周期律。

第一节 著作频出

门捷列夫的学习深造正在劲头上，但两年的出国"科学深造"时光如白驹过隙般很快就结束了，于是他向国内提出延长学习时间的申请。但是他的请求被拒绝，他只得打点行装，准备返回圣彼得堡。

1861年2月，门捷列夫怀着无比留恋的心情，离开了他勤奋学习与工作的、已经建立了感情的美丽的海德堡。

风尘仆仆归来还没来得及挥去满身的疲惫，门捷列夫就站到了圣彼得堡大学的讲台上。学校任命他为有机化学教研室主任，讲授有机化学。

奇妙、诱人的有机化学！他不由得想起了海德堡大学的化学前辈韦勒教授在1853年发出的感慨："恰恰是有机化学使人头晕目眩。无穷尽的有机物，变幻莫测，它给我的印象是一片茂密的黑森林，里边充满了引人入胜的宝藏以及奇异的草丛、林木，只要一不小心走了进去，就无法走出来。"

韦勒教授的比喻真有趣。他并没有点明究竟是黑森林太诱人，让人流连忘返而无法脱身走出来，还是里边的歧路险情太多，容易使人迷路，使人无法辨别方向而走不出来。

门捷列夫决定要从这里出发，去闯"黑森林"了，无论遇到怎样的艰难险阻，他都会再坚持探寻下去。如果真出不来，那一定是在里边找到了宝贝。他通过专心和努力，竟然在"黑森林"里找到了灵感。在"黑森林"里，他思如泉涌，80多个日日夜夜后俄罗斯历史上第二部有五百多页的化学专著《有机化学》在他手里脱稿了。他感到无比骄傲和自豪的不是写作进度的神速，而在于这是俄罗斯历史上第一部用俄语写成的有机化学教科书。他用自己的勤奋和刻苦，实现了这个零的突破，这既是他个人的成就，也是俄罗斯有机化学领域的成果。

《有机化学》刚刚出版就好评如潮。著名科学家齐宁看了这本书后赞不绝口："看看吧，门捷列夫干得多么出色！他编写的《有机化学》，使俄罗斯从此有了自己的有机化学教科书。它不仅阐明了化学上的一些最新成就，而且吸收了阿伏加德罗分子学说的精华，从本质上分析了化学反应的过程，这是化学领域的一个巨大突破。经门捷列夫如此指点迷津后，有机化学的'黑森林'更加引人入胜了。"

门捷列夫在《有机化学》中提出了一个饶有趣味的话题：同分异构化合物。这是一个奇妙的未解之谜：有许多物质的化学成分相同，但化学性质却迥然不同，这是为什么？门捷列夫在150多年前提出的"同分异构"这个概念，也是我国高中化学有机部分的一个重要概念和考查点。

人们常说，提出问题就解决了问题的一半。对这个问题，门捷列夫非常重视。他认为，要想找到这个问题的答案，还需要人们动脑筋、花时间。但是，仅过去数月，齐宁教授的学生布特列洛夫带着关于"同分异构化合物"的研究硕果从"黑森林"里钻了出来，他怀抱着令人信服的新理论——有机化学结构说。这个理论对解释同分异构化合物性质迥异的现象十分有用：物质的性质不仅取决于它由何种原子构成，而且取决于原子在分子中的分布状况和空间结构，取决于原子之间的关系。各种同分异构化合物的化学特性之所以不同，就是由于原子分布状况的不同造成的。

门捷列夫大声地为布特列洛夫喝彩："你的学说破天荒地第一次用物质分子构造式，揭示了物质不同性质的奥秘，你解开了同分异构之谜，同时也给大家带来了新观念——分子结构学说。祝贺你！"

透过窗棂，看着繁星满天的夜空，门捷列夫思绪如潮。现在已经到了化学知识不断丰富，化学理论不断创新的时期，对照布特列洛夫的理论创新，他又开始一遍遍问自己：化学的大风暴必然是以日出的壮丽辉煌开始，你准备好了吗？你将为化学新时期的到来献上怎样的礼物呢？

在接下来的日子里，门捷列夫对化学理论有了一种越来越强烈的突破和创新的欲望：无论是在圣彼得堡工艺大学的讲台上授课，还是在实验室准备自己的博士论文《论酒精与水的结合》；无论是在巴库视察石油工业的现状，还是编写《工艺技术手册》……他都感到有一种神圣的东西在召唤他。

　　神圣的召唤来自"黑森林"。不只是在有机化学领域，整个化学天地都是一座充满问号和诱惑的"黑森林"。

　　他看到了化学家们往返穿梭其间的忙碌和挥汗如雨的艰辛以及他们收获的累累硕果，也看到了化学在科学家们的推动下蓬勃发展。门捷列夫还特别注意到了卡尔斯鲁厄的迈尔教授。迈尔教授在其《现代化学理论》中依照原子量的次序将元素排列起来，详细地讨论了各种元素的物理性质，并在书中刊出了一个"六元素表"。最精彩的是这样一句话："在原子量的数值上具有一种规律性，这是无疑的。"这句话真是一语点醒梦中人啊！门捷列夫苦苦思索着：在原子量的数值上具有一种规律性。

　　窗外依旧是繁星闪烁。门捷列夫望着星空念念有词："头上的星空和心中的道德律——这是伟大的康德说的。但我看来，现在还应加上一种，那就是——贯穿于包罗万象的物质世界的规律，或者说是统一性。世界上的物质，包括人的精神，大概都有统一性。"

　　"多么诱人的'黑森林'！"门捷列夫感慨道。他要终生穿行于这"黑森林"，为俄罗斯，为世界寻找宝藏。

第二节　神秘的"黑森林"

　　踏着圣彼得堡初夏的阳光，门捷列夫和鲍罗丁漫步在涅瓦河岸边。鲍罗丁在谈完他对化学式的研究进展后，又兴致勃勃地谈起了音乐，谈起了贝多芬和巴赫。

门捷列夫时而听得很认真，时而又若有所思。河水静静地流淌，恰如他脑海里呈现的一幅幅画面，他的心中萦绕着另一种旋律——化学世界规律、物质世界的统一性。

是的，黎明的曙光照耀化学世界虽已有百余年，但始终未能变成午后的阳光普照大地。化学家们过于迷恋物质质变的种种玄妙，却很少专注于物质量的变化，没有展开化学的定量研究。正是由于量的变化一直未被化学家们重视，整个化学界也就只能徘徊在黑夜的朦胧中，等待着憧憬已久的壮丽日出。

法国著名化学家拉瓦锡就是在这个时刻，如雄鸡报晓般一声长鸣，化学世界有了第一声真正意义上的啼唱。

拉瓦锡是一个杰出的科学领路人。是他，以数学和物理学为手段，在一个牢固的基础上去建立崭新的化学大厦，他为世人推开化学定量研究的这扇门。经过十四年的孤军奋战，新的燃素学说诞生了。

过去，人们一直认为铁、锡、铅等金属是由燃素和灰渣化合而成的，但拉瓦锡使人们认识到灰渣不是元素，金属才是元素，灰渣是金属与氧反应生成的化合物。拉瓦锡确定了元素和化合物的区别以后，他又将当时已确定的33种元素进行了分类。他把元素分为了氧化物、硫化物、磷化物、酸类和盐类。于是，形形色色的元素根据性质的不同，排成了严谨有序的五个队列。

拉瓦锡对元素的分类闪烁着智慧的光芒和耀眼的光辉，为后人照亮了奋斗的方向。但是，当时人们认识的元素种类很有限，了解的元素知识很有限，有些元素还真伪难辨。他的第一声啼唱虽然打破了漫漫长夜的沉寂，别具一格的声音令世人耳目一新，但他的啼唱却无法圆润流畅。他为了追求科学的真谛，为了追求真理而献出了生命。当法兰西革命以"共和国不需要科学家"为由野蛮地把他送上断头台后，他的歌声只能作为引子成为了绝唱，留待后人去续接了。

门捷列夫为此感到万分痛心，长叹道："拉瓦锡是棵参天大树，因此雷电最先劈倒他，但他的歌声是多么意味深长和不同凡响！"

"拉瓦锡的歌声？"鲍罗丁诧异地问道。门捷列夫点点头："是的，他不是用管风琴伴奏，是用天平，更是用生命为化学演奏了科学的序曲。"

鲍罗丁恍然大悟地笑了起来。他知道门捷列夫又迷上了新的目标，沉浸其中而不能自拔了。

许多天，门捷列夫都时常在校园的浓荫下哼着一支支曲子。这次，门捷列夫听到的是英国医生普劳特的歌声。

这歌声像是一次亲切的谈话——

"想想吧，在形形色色的元素中，既有像氢那样容易燃烧和爆炸同时又很轻的气体，也有像碘那样极易变成紫色气体的晶体；既有像氮那样在空气中到处扩散但又几乎不发生化学反应的气体，也有像磷那样能在黑暗中发出奇妙光亮并能进行多种激烈反应的元素；既有像钠那样能立即氧化而黯然失色的金属，也有像铂那样总是呈现耀眼光泽的金属；既有像铁那样容易被氧化锈蚀的金属，也有像金那样稳定不怕火炼的金属……"

这位伦敦临床医生常常叩问着物质世界的奥秘之门：这些形形色色的元素，它们之间是毫不相干，还是有着什么联系？化学元素之间究竟有没有秩序和规律可言呢？

1815年，这位医生以十分谦逊的语调，用匿名的方式发表了自己的见解：元素的原子量之间以氢的原子量为基础，存在着某种规律。有很多元素的原子量都是氢的原子量的整倍数。具体说，其中有13种是整倍数，有24种接近整倍数。那么，是否可以大胆地假设：所有的元素都是由氢原子组成的，因而氢是所有元素的"基本元素"呢？

普劳特的观点也是一支歌，一首浪漫曲。这首浪漫曲抛砖引玉，引出了人们的猜想，带来了百家争鸣的局面。化学元素究竟只有一种，还是很多种？氢元素与其他元素之间是怎样的关系？多种元素之间是否存在内在规律？争论很激烈，见仁见智。

这是非常有意思的景象：一首由没校准音的钢琴弹出的浪漫曲，引来了一场多声部的大合唱。门捷列夫对普劳特的这首浪漫曲产生了浓厚的兴趣。

再后来，德国化学家贝莱纳于1829年提出了名为"三元素组说"的假说。这就是在普劳特的浪漫曲基础之上，谱写的一首赏心悦目的抒情曲。它告诉人们：在各种元素中，存在着许多三个元素为一组的"三元素组"，每组元素在性质上特别相似。比如锂、钠、钾为一组，氯、溴、碘为一组，钙、锶、钡为一组，每组元素的性质都极其相似。贝莱纳还提醒人们注意：三元素组中，中间那种元素的原子量，近似于前后两种元素的原子量的平均值。例如，氯的原子量为 35，碘的原子量为 127，二者的平均值为 81，这与中间元素溴的原子量 80 很相近。

贝莱纳的"三元素组说"足以说明各元素之间并非毫无联系，而是存在着一种内在的关联和规律。这种规律正等待着化学家们去探索、去揭示。这就像是在一大堆杂乱无章的音符中发现了一组组悦耳的"三和弦"，尽管贝莱纳的"三和弦"略显单调，也缺乏层次和深度，但谁也不能否认它丰富的内涵和预示着重大的化学发现，而这个重大发现期待有人去谱写成一曲震撼人心的交响曲。

接下来，德国的迈尔教授又提出了"六元素表"。比起贝莱纳，迈尔教授的假说显然又跃上了一个台阶，其观点也更加清晰：化学元素之间存在着必然的联系，隐藏着内在的规律和秩序。迈尔的"六元素表"力图揭示这种规律，但依旧无人关注他的理论，无人喝彩，心灰意冷的迈尔退缩了。

门捷列夫又把目光转向尚古多……

1862 年，巴黎矿山学校的地质学教授尚古多向人们展示了一幅化学元素螺旋图，并提出了"元素的特性取决于它的原子量数值"的观点。他的螺旋图就是用来直观地阐明元素性质与其原子量间关系的。尚古多用一个圆柱体巧妙地把所有元素都排列完毕后，所揭示的道理就变得直观了：化学性质相似的元素，都不约而同地排列在了同一条纵线上。

尚古多的化学元素螺旋图的确十分有趣，遗憾的是他的说明很晦涩。加之螺旋图中元素的排列还未完善，结果本该是金声玉振的乐曲却因此显得音调粗糙而衰减了魅力，最后竟在人们的讪笑中被打入冷宫。

门捷列夫叹息道："煞费苦心的尚古多啊，你何不索性展开那根螺旋线，说不定你就是一个伟大的发现者呢！"

真正动人心魄的旋律，出自英国青年化学家纽兰兹之手。从 1864 年到 1866 年期间，纽兰兹把已知的 62 种元素，依其原子量的递增排队，排列了元素表。敏锐的纽兰兹发现：从某一元素开始数，到第八种元素时，这种元素便与第一种元素具有相似的性质。这就正如音乐从任何一个音阶开始数，到第八个音阶时，便重复其相似的音调。纽兰兹的发现，在奥妙的化学与美妙的音乐之间建立起一根纽带。难怪纽兰兹要将他发现的这一规律称为"八音律"。

这时鲍罗丁又来了。他见门捷列夫把纽兰兹的"八音律"当作美妙的音乐如痴似醉地欣赏，便提醒道："1866 年3 月，当纽兰兹站在伦敦化学会的讲坛上，带着满心的欢喜报告了自己的发现后，就像是一颗石子投进了大海。他的观点没有激起任何赞同的回响，倒是迎来了令人心寒的冷嘲热讽。有人这样讽刺说：'如果按元素的原子量把元素挨着排列起来，就可以得到重要的定律的话，那么，按照元素名称的第一个字母，依字母表的顺序排列元素，又将发现怎样的定律呢？'结果纽兰兹的发现遭受冷遇，甚至连论文也未能在会刊上发表。"

门捷列夫点头道："的确，纽兰兹是遭受了冷遇和羞辱。但是，假如纽兰兹是对的呢？假如'八音律'的不尽完善中包含着闪光的金子呢？看看百年来化学先驱们的探索足迹，你就会发现，他们正在积累化学新知识，正在探索化学规律，而他们对化学元素规律的探索足以谱写成扣人心弦的乐章。可以预见，真正激动人心的高潮即将出现，而纽兰兹正是各种序曲的集大成者，只是他的啼唱对于沉睡在梦乡的人来说无异于烦人的噪音。但是，黎明终将会到来……"

说到这里，门捷列夫便抑制不住内心的激动。他真切地感到化学天地的黎明正在走来，那些开拓者谱写的此起彼伏的旋律已汇成了气势非凡的宏伟序曲。

门捷列夫对自己说：承接着开拓者的序曲，去寻找激动人心的主旋律吧，这是你不容推辞的神圣使命！你要探寻和编写出化学世界的主旋律！

第三节 美酒——纸牌

化学家们为发现新元素废寝忘食，绞尽脑汁。他们在元素王国这片陌生的土地上东奔西突，左砍右杀，八仙过海，各显神通。戴维用的是一把电斧，一路闪电东劈西砍发现了钾、钠等十几种元素；本生、基尔霍夫用的是一柄光剑，刀光剑影一路刺开找见了铯和铷；瑞利和拉姆赛则使的一把牛耳尖刀，精雕细琢专爱一层一层地剥竹笋，这就是分馏法，他们终于发现了氦、氖、氩、氪、氙等稀有气体。到此化学家们已将所能使的各种化学、物理方法都用尽了。19 世纪中期，元素也已发现到了第 63 种，已是山穷水尽再无路了。而且就是已发现的这 63 种元素也够使化学家们眼花缭乱的。你看：有那硬的，一刀剁下不伤分毫；有那软的，指甲掐去如碰豆腐；有那性格沉稳的，任怎样摆弄也不与其他物质结合；有那脾气暴躁的，放在空气中就冒火；更有那一物多变的，如磷，有红，有黄；如碘，有时棕色，有时紫色。就是一块灿烂的黄金，当把它打成极薄的箔片时竟会变成蓝绿，而且还透明呢。现在不要说再去发现新元素了，就是先把这 63 种分分类、排排队也无从下手。这化学，真是刚从泥滩里拔出来，又在森林里迷了路，真是不知如何是好。

1867 年俄国圣彼得堡大学里 33 岁的化学教授门捷列夫，只要他一讲课，教室门里门外、窗沿上、台阶下都挤满了学生。那奇妙的化学变化伴着他沉稳的手势和多彩的语言，直把听者吸引得就如钉钉死、胶粘住一般。连学校领导也暗自高兴聘了一位好教授。但是门捷列夫却突然增添了两样毛病，一是喝酒，二是玩牌。他平时备课，桌子上就是少了纸笔也少不得一瓶白兰地、一只银杯。要是有一点伤风感冒的小病，他从不上医院，最妙的办法就是一仰脖子，咕嘟嘟半瓶酒下肚，然后拉过一件老羊皮袄，浑身一裹，往沙发上一滚，呼噜噜地睡上一觉，什么头疼脑热都会在梦里云散烟消。他身为化学教授最近却突然将自己关在书房里，手里总捏着一副纸牌，颠来倒去，整好又打乱，乱了又重排，也不邀请牌友，也不上别人家的牌桌，真不知他这个牌是怎样的玩法。此时化学界因为那些难以捉摸的元素正闹得乱哄哄的，莫衷一是。

1869 年 3 月，俄罗斯化学会专门邀集各方专家进行了一次学术讨论。学者们有的带着论文，有的带着样品，有的带着自己设计的仪器当场实验，各抒己见，好不热闹。而门捷列夫只身空手，裹一件黑色外衣，蓄一把小胡子，静坐在桌子的一角，三天来不言不语，只是瞪着一双大眼睛看，竖起耳朵听，有时皱皱眉头想。这天眼看会议日程将完，主持人躬身说道："门捷列夫先生，不知你可有什么高见？"只见门捷列夫也不答话，起身走到桌子的中央，右手从口袋里抽了出来，随即刷拉一声，一副纸牌甩在了桌面上，在场的人无不大吃一惊。门捷列夫爱玩纸牌，化学界的朋友也都略有所闻，但总不至于闹到这步田地，到这个严肃的场合来开玩笑。

在座的有一位长者寿眉双垂，银须齐胸，他叫齐宁，是门捷列夫的老师，过去很赏识门捷列夫的才华，推荐他来校任教，今天见学生这样开玩笑心中很是不快。只见门捷列夫将那一把乱纷纷的牌捏在手中，三两下便已整好，并一一亮给大家看。这时人们才发现这副牌并不是普通的扑克，每张牌上写的是一种元素的名称、性质、原子量等，共是 63 张，代表着当时已发现的 63 种元素。更怪的是这副牌中有红、橙、黄、绿、青、蓝、紫七种颜色。门捷列夫真不愧为一个玩纸牌的老手，他用拇指和食指轻轻一捻，纸牌由红到紫便成一排，再一捻又是一排。这样前排靠着后排，整整齐齐，竟在桌上列成了一个牌阵。要是竖看就是红、橙、黄……分别各成一列。门捷列夫将这个牌阵摆好，叫大家看个明白，然后用手一搅，满桌只见花花绿绿，横七竖八，不过是一堆五彩乱纸片。他说："这混乱的一团，就是我们最感头疼的元素世界。实际上这些元素之间有两条暗线将它们穿在一起。第一，就是原子量。尽管不同元素有时会有相似的某种特性，尽管同一元素不同情况又会表现出不同的颜色、形状，但有一点它们却永不会变，就是各自有自己特有的、互不重复的原子量。因此，我们可以根据原子量的大小将它们排成一条长蛇。"说着，门捷列夫十指拨弄一番，一堆乱牌变成整齐的一线。谁知这一排，却明显地看出那七种颜色的纸牌就像画出的光谱段一般，有规律地每隔七张就重复一次。门捷列夫又将其一截截地断开，上下对齐说："可见，按原子量的大小，元素的性质在做着有周期的重复。如果竖着看，每一列的元素性质相似，这就是第二条暗线——原来每列元素的化合价相同。你们看，左边这列红纸牌上标的是：氢、锂、钠、钾、铯，它们都是一价元素，性质活泼，除氢外都是金属。它们构成相似的一族，而在这一族里因原子量的递增，元素的活泼性也在递增，锂最轻，原子量是7，也最安静，落到水里只发一点咝咝声；钠的原子量是23，落到水面上就不安地又叫又跑；钾的原子量是40，落到水面上会尖叫着乱窜、爆响，还起火焰；要是排尾的那个铯，原子量是133，简直不能在水里待一秒钟，立即就会自己燃烧起来。这63种元素，原来就这样暗暗地由原子量这条线串起来，又分成不同的族，每族有相同的化合价，按周期循环，这就是周期律，元素周期律。"只见门捷列夫双手像变魔术一样将那副纸牌在桌上变来变去，口中念念有词讲着每一种元素的性质，滚瓜烂熟，如数家珍。他放下红纸牌又拿起绿牌，说了第一族又说第二族，周围的人直听得目瞪口呆，他们这些在实验室钻研了十年、几十年，手上也不知被烧起多少伤疤，掉了几层皮的专家、教授，想不到一个青年人玩玩纸牌就能得出这番道理，要说不服气吧，好像有理，要说真是这样，又哪能这样容易。

　　这时突然有人说道："先生，我看你那几张牌也未必就能将元素规律演示清楚。你看六年前发现的新元素铟，原子量是 75.4，应排在砷和硒之间，可是这样一来砷无法和它相似的磷在一族里，硒也被挤出了硫那一族，岂不是扰得四邻不安？这还算什么规律？"

"先生，莫急。我看那铟的原子量很可疑，它的性质和铝相似，按我推算它的原子量应是 113.1（后来测得是114.82），它本来就不应该挤在砷后面，应排到镉与锡之间去，这样大家就都相安无事了。"

这时，一直站在旁边看着的齐宁早已气得胡子撅起老高，他一拍桌子站起来，以师长的严厉声调高声说道："快收起你这套魔术吧。身为教授、科学家不在实验室里老老实实做实验，却异想天开，摆摆纸牌就要发现什么规律。这些元素难道就由你这样随便摆布吗？"

门捷列夫一见是老师发了脾气，忙将纸牌收拢，毕恭毕敬地解释道："不是我不做实验，是前人——戴维、本生、基尔霍夫他们已经做了够多的实验，发现了这么多元素，我们该从理论上做一点思考了。开普勒当年从他的老师第谷手中接过 700 颗恒星的观察资料，并没有按照师嘱再去观察第一千颗，他做了理论思考，终于发现了能解释众星运行的三定律；勒维烈之前有多少人在观察寻找天王星外的新星，他并没有把主要精力放在实地观察，而是做了理论推算，一下就准确地找见了海王星。在研究元素的过程中人们使用的武器够多了，有光，有电，有分馏法，现在需要理论，化学该有自己强大的理论武器问世了。"

"你这是什么理论？像是说梦，像是小孩玩积木。你何不按字母顺序去排元素周期呢？那样不是更省事，更整齐吗？"这齐宁老头越说越激动，一边收拾皮包准备离去，别人见状也都纷纷站起，这场讨论不了了之。

第四节　命运的咽喉

伟大的科学家让我们无限敬仰，他们求真求实，创新奉献。早年那孜孜求学的精神给他们奠定了向科学进军的目标，勇于探索，实事求是，不迷信权威的求实创新精神令他们敲开了科学大门。他们怀有一颗火热的爱国心，在知识的海洋中，他们像一颗颗晶莹的水珠，折射出科学精神的伟大光芒；他们又像那黑夜中熊熊燃烧的火炬，点燃多少后来人对理想追求的信念之火。他们用寂寞与清贫等待花开的季节，用生命去坚守心里的那份执着。

门捷列夫发现了元素周期性变化这一规律，使《化学原理》全书终于有了明确的主线，写作也就变得得心应手。门捷列夫一边采用向助手口述的方法编写《化学原理》，一边继续进行元素周期性规律的研究。胜利没有冲昏门捷列夫的头脑，他反思之前那些先驱们的研究结果。他想：按原子量的大小为顺序来研究元素，并非自己的创举，那为什么以前的化学家们都没有揭示出这种周期性的变化规律呢？难道他们就没想到周期性这个概念？在大自然中，到处都存在着周期性的变化关系，例如四季的轮换、昼夜的交替、大海的潮涨潮落、各种振动……他们不可能视而不见。很可能，是他们虽有所预见和发现，却无法解释其中的某些矛盾，无法用周期性去解释所有的问题。是的，一定是这样的，因为即便是自己目前的研究结果中也还有不少疑点，有一些"捣乱分子"不能按规律排列。比如，按原子量大小排好横队后，有的元素在纵列中的位置就明显不对。"铍"这种元素就是这样，按原子量的大小，它的位置应是"铍、碳、氮"，但这样排就与按金属性它应在的位置不吻合了。由于"铍"这类"害群之马"的捣乱，原本有规则的队伍就乱了套，规律性就被打乱，研究工作受阻。也许正是因为这些麻烦，才使得那些开拓者们功亏一篑？

那么，如何解决这些矛盾呢？最方便、最省事的办法就是对其置之不理地解释为"例外"。但是，一个频频出现"例外"的理论，又算什么理论呢？科学是严密的，没有特殊性，没有"例外"。

"是的，"门捷列夫在内心深处坚定着自己的信念，"自然界的规律是没有例外的，这就是大自然的规则同语法上的规则有所不同的地方。"

没有蛙鼓虫鸣的冬夜显得格外静谧，万籁俱静，只有门捷列夫办公室还亮着灯光，这灯光不是很明亮，但是它却足以照亮科学前行之路。门捷列夫站在那个高高的写字台前，一动不动，像一尊铜像。时光仿佛停止，空气仿佛凝固。一声汽笛的长鸣在空旷的夜空响起，声音清脆悠长，将"铜像"从凝思中惊醒，门捷列夫摇摇头喃喃道："我已经抓住了化学元素美妙的主旋律。一切都已想好了，只是还不能制好周期表，没能谱写好这篇乐章。"此后，他几乎三天三夜没合眼。他有一种预感：那间充满奥秘的元素迷宫，即将开启大门，让世人看得一清二楚。现在自己需要的是坚持、耐心和韧性，不能像纽兰兹那样，在"八音律"遭到权威们的嘲笑后，便转身洗手不干，去研究制糖。坚持就是胜利。贝多芬的成功也并不是一帆风顺的，他也是迎着命运的挑战逆流而上的。失明，再失聪，这对一个音乐家来说是多大的悲剧啊，这就犹如拿一支笔刺进他的喉咙，再拿一把尖刀插进他的心脏。但是他用那倔强的意志力，勇敢地迎接命运的挑战。他把音乐装进自己的内心，他的内心就成了他的眼睛与耳朵，他终于扼住了命运的咽喉，创作出不朽的《命运交响曲》。所以我一定要坚守这份寂寞与艰难，去彻底揭开周期律的神秘面纱。

门捷列夫就一直与"例外"的那些元素对峙着。极度的劳累终于让疲惫不堪的门捷列夫在不知不觉中放下卡片，伏在写字台上睡着了。即使在香甜的睡梦中，门捷列夫依然没有停止思考，他的脑子里仍是一队队、一列列的元素，那63个淘气的元素总是不守规矩地乱跑。它们忽而顺从地听从指挥，排得井井有条，忽而调皮捣乱，东躲西闪地同门捷列夫周旋。突然，一个古怪的队形出现了：那些化学特性相近的元素都按原子量的递增顺序排队，但遇到次序有疑问时，它们便乖乖地自觉留出空位来。

警觉的门捷列夫本能地惊醒了。他发现，梦中的那个古怪队形并不古怪，那正是他苦苦寻找的解决方案。来不及仔细回想，他担心梦中的元素队形溜跑了，抓起笔飞快地记录着。很快，梦中的元素队形变成了新的周期表。

第二天，当明媚的阳光唤醒门捷列夫重新端坐在写字台前时，他才确信灵感是多么的奇妙和珍贵。他通过灵感找到了主旋律，推开了通往化学光明之路的大门。有人说门捷列夫在梦中找到了成功之路，但是门捷列夫却不这样认为，他说："天下没有任何成就是偶然的，只不过一般人只看到别人的成功而往往忽略了背后长期的努力和付出，而用运气好或是其他理由来加以解释，因而相较自己'时运不济'的表现就有了失败的最佳借口。"

过去科学家们按原子量的大小排序时，忽略了尚未发现的元素。由于没有为这些尚未发现的元素预留位置，也就免不了规律总被打破，理论终难形成，一错再错，破绽百出。况且，谁敢保证科学家所测定的原子量、化合价等数值就没有错误呢？假如某个元素的数值测定不准确，各元素排列的队伍同样会乱套。

哦，如此看来很可能是这样的——那个捣乱的"铍"的原子量或化合价的数值被测定错了。现在测定的铍的化合价是 +3，假如应该是 +2 呢？这样推想下去，它的原子量就该是 9.4，它的位置就应重新排为"锂、铍、硼、碳、氮"。想到这里，门捷列夫兴奋得差点蹦起来。他把铍的数值重新假定后，这 7 种元素所组成的周期就无懈可击了。

门捷列夫依此规律又推导出钙和钛之间应该还空着一个位置，这是个尚未发现的元素，化合价为 +3，原子量大于钙小于钛。而钍、碲、金、铋，根据它们所处的位置来看，原子量是大有疑问的。于是，他在这些元素的后面画了个问号，等待日后一个个测量准确。另外，那些空着位置、尚未发现的 4 种元素也用 "?" 来代替，待日后一个个发现、揭秘。

带着满心的喜悦和满足感，门捷列夫写下了这张周期表的名称：根据元素的原子量及其化学近似性试排的元素系统表。

夜深人静时，门捷列夫还在审视这张表。他越看越吃惊，因为从这张表中引申出的结论与当时的全部化学理论都是相悖的！难道是自己错了？或是现在的化学理论有问题？门捷列夫陷入了沉思。这些结论除了能反映元素周期性变化规律外，还有以下这些作用：

1. 可以预知某些未知元素的存在，比如 "类铝" 的存在。

2. 当知道了某种元素的同类元素后，便可根据同类元素的数值来修正该元素的相关数值。例如，可以根据铍的同类元素钙的数值修正铍的原子量。

3. 可以根据原子量的大小发现一些同类元素。

门捷列夫心潮澎湃，他匆匆找到了鲍罗丁。

鲍罗丁看完后，平静地说："亲爱的德米特里·伊万诺维奇，我本人真诚地相信，你像巴赫一样，用化学元素符号写出了一曲召唤出整个世界的美妙乐曲！你也是一名伟大的'作曲家'！这也是我三天前读了你的试排表后的感受。"

"而现在，"门捷列夫指着周期表说，"它更加完美了！你觉得，人们会如何欢迎它的问世呢?"

"不。亲爱的门捷列夫，事实没有你想象的这样美好。一支名曲诞生后，首先面临的往往是难以忍受的冷遇。巴赫的变奏曲问世后，遇到的首先是责难和起诉!"

第五章

最美的时光

　　温暖一生的故事，寄托一生的梦想，感动一生的情怀，执着一生的信念，成就一生的辉煌。志向高远才能收获成功的人生。当你把追求放到自己生命的至高点上时，你就会觉得，什么困难都无法挡住你前进的步伐。

　　门捷列夫跨越了科学的历史，跨越了科学的一个世纪。此时，门捷列夫成就辉煌，硕果累累。一本本学术巨著，填补着俄罗斯化学界的空白。一个周期律，终于解开了存于世界几千年的疑惑——世界是由什么构成的，物质是怎样构成的。同时，他还将理论应用于实践，涉足许多实践行业，为俄罗斯的石油工业、度量衡、经济学等方面的发展都作出了巨大贡献。人们将永远牢记这个伟大的名字——门捷列夫。

第一节 走 向 成 功

在走向成功的征途中，坚持的过程往往就是积累的过程。积累是小步子增加，而不是大步子跨越。世界上很少有一步成功的奇迹，所以需要逐步积累，量变才能引起质变。而且，一步一步地积累，能使人不断获取成就感，不断得到鼓舞与激励，不断获得与困难作斗争的动力，进而坚持不懈地到达成功的彼岸。

当夏日踏着轻轻的脚步到来时，门捷列夫如释重负般将饱含他的辛勤劳动与智慧、厚厚的《化学原理》交付印刷了。他感到，无论别人怎样评论这本书，给它多少分，他都会对自己交上的这份答卷非常满意。因为在这本书中附上了他绘制的"元素周期表"，整本书的编写体例也是按元素周期律为理论基础设计的。这样，化学教科书将不再是各种元素和其他化合物像搜集资料一般杂乱无章地堆砌，而是一个有条不紊的整体和系统，有了主题与核心。

当然，门捷列夫的心情并不因此感觉轻松。

他不时想起沃斯科列森斯基和齐宁两位导师针对他的"元素周期表"的批评与劝诫。他从心底尊敬这两位德高望重的俄罗斯化学界前辈，但无法接受他们的意见。他想不通，难道科学就一定排斥推断，不能容忍任何预言？再说，自己的元素周期律也是建立在事实和经验基础之上的啊！

"我爱老师，更坚信真理。"门捷列夫一遍又一遍地在心中默念着亚里士多德的这句名言。

不久，门捷列夫看到了卡尔斯鲁厄大学迈尔教授发表的关于元素周期律的文章。迈尔教授研究周期律已经好多年了，他和门捷列夫是并肩开拓的同路人。使门捷列夫稍感意外的是，迈尔竟然也对他的做法提出了批评，认为他这样随意修改某些元素原子量的做法"过于草率"，不够科学严谨，缺少说服力。

门捷列夫在冷遇与众人的批评声中坚持自己的信念，执着而坚忍，他用更加的勤奋、刻苦与钻研，耐心地等待那一天的到来。

1871 年，在门捷列夫发现的元素周期律沉寂了两年后，他接连推出了多篇关于元素周期律的论文。他用自己的方式坚守着那份执着，这时很多人才恍然大悟：周期律的发现者并未冬眠，他只是在积淀。

在第一篇论文《化学元素的周期性规律》中，门捷列夫指出了元素周期律的意义和应用范畴，更加明确了元素周期律对化学的意义和重要性；在第二篇论文《元素的自然规律和应用它推测尚未发现的元素的性质》中，他详细叙述了推测未知元素的原子量、化合价、物理性质、化学性质的方法。

人们发现，与两年前门捷列夫最初发表的元素周期律的表述相比，现在的理论有了新的发展，周期律的阐述更加精练，更显成熟，周期表也大为改进。含义深刻，可以作为化学主旋律的元素周期律，可以表述为简单的一句话：

"元素的性质，周期性地随着它们的原子量的改变而改变。"

新排的元素周期表中，竖列的是"族"——元素中性质相近的"一家人"排成纵队；横排的是"周期"——元素由量变到质变的过程。在这张表上，同族元素化学性质的相似性更加清楚，元素的性质由一个周期转入下一个周期的变化更加一目了然。

引人注目的是周期表上并未填满，还有"空格"。门捷列夫留出空格是基于这样的考虑：就像一队偶数数列 2、4、6、8、10、12、14……如果中间出现了空缺，就很容易断定缺少的是哪些数。周期律的情况当然还要复杂得多，但道理相同。于是，周期表中的一个空格，就代表着门捷列夫的一次庄严宣告：这里应该还有一种元素等待人们发现。也督促其他人按规律和预言的性质去发现这种元素。

两年前的试排表中只有 4 个空格，而现在他留下了 16 个空格，这就意味着他推测的"未发现元素"增加到了 16 种。不仅如此，门捷列夫还预测：其中有 5 种"未发现元素"的位置应排在"铀"之后，即"超铀元素"。

同时，门捷列夫还推测了几种"未发现元素"的具体数值：一种，他称为"类硼"，原子量约是 44，+3 价元素；一种，他称为"类铝"，原子量应是接近 68，熔点极低；一种，他称为"类硅"，原子量应是 72。

门捷列夫不为自己的推测留退路——他还给科学家们提供了寻找"未发现元素"的最可能的方法。

这样，门捷列夫就通过周期表将物质世界、化学天地中元素家族所有成员的"身份""籍贯""性格""脾气""爱好"等统统公告于天下，并庄严地宣称：化学元素的上述特性都不是偶然性的，而是具有确定性的；任何感兴趣的人，都可以"按图索骥"地去发现、去验证。

如此自信地发表自己的理论与预测令科学界震惊。人们从来就是发现了某种元素后，再来测定这种元素的性质、原子量等数值，而门捷列夫的做法却与此相反。他竟然宣称某个尚未出生的婴儿喜欢牛奶而非母乳，喜欢冬天的雪而非夏天的风！

"我必须这样做！"门捷列夫坚定地说，"我发现的定律终将接受严格的考验，同时也会进一步证明周期律的科学性。在我预言存在的那些元素中，哪怕有一种被人们发现，就能使其他化学家相信，作为周期律基础的那些假设是正确的。"

即使是相信周期律的存在、佩服门捷列夫非凡才干的人，也不禁为他的大胆预言而捏了把汗。

就这样，门捷列夫用他大胆的预言向全世界的科学家们发出了真诚的邀请：请大家来检验周期律吧，证明它的正确或者谬误！

门捷列夫用一个伟大的科学家的自信与坚持，将新理论展现于世，为化学的发展作出了巨大的贡献！

第二节　"多面手"

门捷列夫不仅仅发现了元素周期律，而且一生中有大量的学术著作发表，他的声望大大超出了学术界的范围。他的知识极其渊博，他能够灵活地把自己的知识运用到实践当中，指导生产，提高效率，为国家作出了极大的贡献。门捷列夫成了一个"多面手"的科学家，许多工业巨头常常来向他请教，商量生产中的问题。

门捷列夫应石油工厂主科罗列夫的邀请，来到了巴库和苏拉罕进行考察。科罗列夫是一个傲慢的大资本家，他与技术人员谈话从来都是趾高气扬的。这次他邀请门捷列夫来到这里是想请门捷列夫帮他解决原油损耗大的问题，同时他也想看看门捷列夫有没有像人们说的那样"神"。

"现在市场上对煤油的需求量越来越大。我们工厂虽然不算大，可是我这里的原料却是大量的。尽管我也作了一些努力，但损耗一直很大，产率低。我希望，在您了解这儿的条件之后，告诉我有什么可以采取的措施。"科罗列夫说道。

门捷列夫听了之后，没有说什么，只是点了点头。一个月之后，门捷列夫找到了科罗列夫，"科罗列夫先生，我认为损耗大的最主要原因，是由于从工厂里把炼油运送到消费者手中太原始了，按照这样的运送方法，我们在路上就消耗了三分之一。我看这儿的石油原料极其丰富，我们可以修建一条通向工厂的输油管道，再铺设一条由工厂通向码头的输油管。由于压力差的关系，这样做几乎不再耗费人力、物力，并且消耗很少，几乎可以认为不存在消耗。如果再用专门的密封性好的船只来运送煤油就更好了。这就是我要说的。"

科罗列夫走上前热情地握住了门捷列夫的手，心生敬佩，嘴里不知该说什么才好，他觉得自己以前怠慢了这位伟大的科学家了。

"石油加工有美好灿烂的前景，我相信它会成为俄国财富的重要来源，让我们共同努力吧。"门捷列夫说道。

这是一座叫包勃洛沃的庄园。冬天冰雪覆盖的庄园银装素裹，美不胜收。每到春季，杨柳吐绿，温暖的春风吹绿了一望无际的田地，吹皱了静静流淌的河水。深秋所有成熟的万物让整个秋天充满了芬芳，空气中充溢着松脂、蘑菇、浆果的气味。好多人以为门捷列夫来这里是为了度假放松的。其实不然，门捷列夫购买这个庄园主要是为了进行土壤肥力的实验。

每当播种耕耘的时候，忙碌的人们总是能看到一个农民打扮的人来到他们当中，他头上戴着遮阳帽，一身劳动的工作服，他不停地询问人们给土地上肥的情况，问问去年的收成情况，有时还要带上几个瓶子装点土壤试样带回去，有时还要指导一下人们怎样使用新生产出来的化学肥料。人们刚开始时对这个陌生的外来人半信半疑，但第二年的收成情况就将他们的各种疑虑打消了，他们认为还是那个年轻人说得对。后来人们追问才知道，这个人就是大名鼎鼎的门捷列夫。他为了使自己的研究更有说服力，亲自来到田野里进行实验。

在每年的自由经济学会上，门捷列夫都要报告实验的结果，向全国各地推广科学种田、化肥的施用等知识。建议用精确的科学方法探讨各种肥料与耕作深度对收成的影响，并证明矿物肥料具有明显的增产效用。

像门捷列夫这样一个在理论化学方面作出划时代贡献的科学家，同时又在工业、农业、气象、运输、度量衡、经济等众多的部门从事大量实际的研究工作，并且都作出了突出的成绩，是一个地地道道的百科全书式的人物，是一个"多面手"的科学家。

第三节 收获的季节

在关于元素周期律的研究告一段落后，门捷列夫又开始了"理想气体状态方程式"的实验，这是应俄罗斯技术协会的请求选定的课题。他在技术协会的会议上吐露了自己的想法："这个项目之所以吸引我，就是因为气体弹性知识中，还有些问题人们对它一无所知或知之甚少。"

门捷列夫以极大的热情投入了这项研究，很快于1874年得出了理想气体状态的新方程式，并在1875年发表的论文中进行了详细的阐述。这个理想气体方程式比当时闻名的克拉珀龙气体方程式更为完善。

但门捷列夫此时并未停止对元素周期律的思考。他始终在注意收集和耐心地等待着世界各地的科学家对于周期律的检验结果。四年过去了，没有任何人发现新元素。

门捷列夫告诫自己：不能急躁，进行科学研究要有十足的耐心。如果在自己的有生之年能看到预言被人们证实，那已经是够幸运的了。

门捷列夫没有料到，胜利之神就在这一年向他走来，冲他微笑了……

1875年9月20日，巴黎科学院召开例会。院士伍尔兹上台作了报告，然后又代表他的学生勒科克拆开了一包文件。文件里有一封勒科克写的信，伍尔兹当众宣读了此信："1875 年 8 月 27 日，我在比利牛斯山所产的白锌矿中发现了一种新元素……"

新元素！好几年没有听到这类新发现消息的科学家们顿时兴奋起来，化学界为新元素的发现倍感鼓舞，元素并非只有已经发现的六十多种，随着科学家们的不断探索，新元素、新物质还会不断被发现。

原来，勒科克利用光谱分析的方法，在一种陌生的紫色光线中跟踪到了这种新元素的痕迹，并得到了极少的几滴锌盐溶液，最终从里面提取了一粒小得只能在显微镜下才能观察到的新元素。又经过三个星期的奋战，勒科克积攒了 1 毫克的新元素。他可以肯定地说："手中的物质确实是一种新元素。"勒科克建议将这种新元素定名为"镓"。

不久，勒科克又汇报了有关镓的一些物理性质：原子量 59.72，相对密度 4.7。从很多方面来看，镓与铝的性质相似。

当新元素镓被发现的报告传到圣彼得堡后，门捷列夫眼睛一亮：嗨，这正是自己曾经预言存在的"类铝"元素！等了四年，终于等来了！

他情不自禁地大笑起来。金秋时节，该开始收获了，尽管这份耕耘早在四年之前。

但随即，他又有些焦躁不安："这个勒科克，怎么会把原子量和相对密度都测错了呢?"

他立即给巴黎科学院写了一封信:"勒科克先生发现的镓,就是我在四年前通过元素周期律预言的'类铝'元素。它的原子量应约为68,相对密度在5.9至6.0,请你们再测量一下……"

收到信后,巴黎科学院的院士们面面相觑:这怎么可能呢?镓是最新发现的元素,世界上仅有的那点镓,现在全在勒科克的手中。这个叫门捷列夫的俄国人,凭什么说勒科克测量出的原子量和相对密度是错误的呢?科学是用实证检验的,预言和推理在化学界怎能行得通呢!

信很快转到了勒科克手中。勒科克紧蹙双眉:这大千世界,真是无奇不有。那个圣彼得堡的化学家没发现这种新元素,连镓的影子也没见过,却大谈镓的原子量和相对密度应该是多少!好吧,就再测量一次吧。

勒科克重新提取了一块镓。这次的重量足够大了,有0.07克。勒科克认真地重新测量了相对密度,没错,还是4.7!

门捷列夫收到勒科克的回信后,看到信中写到再次测量后镓的相对密度仍然是4.7,他仍固执己见地给勒科克又回了封信:"勒科克先生,您测定的相对密度一定错了,镓的相对密度绝不可能是4.7。这不一定是您的测量不够精确,或许是那块镓的纯度不够高。"

门捷列夫对他未曾见过的新元素十分自信,自信得仿佛不是在谈论神秘的化学新元素，而是在做一道简单的数学题。勒科克很不理解这位俄国科学家的坚持与自信，他是从哪里得出镓的原子量和相对密度的，通过什么方法和手段？勒科克无奈地笑道："这个门捷列夫先生，索性到学校教算术得了。"

但作为科学家，勒科克不能不重视门捷列夫的意见。他将镓再次提纯后重新测定，结果使他目瞪口呆：镓的相对密度是 5.940！上帝啊，这与门捷列夫四年前预言的相对密度在 5.9 至 6.0 之间惊人地吻合。门捷列夫是通过什么理论作出如此令人难以置信、如此精准的预测的呢？

勒科克因此意识到门捷列夫的不同寻常，开始寻找着有关门捷列夫的资料，寻找门捷列夫研究化学未知元素的理论依据与方法。他找到了载有门捷列夫元素周期表和论文的化学年报。他一边读一边赞叹不已："被冷落多年的周期律理论，是一个多么伟大的理论啊！"想到自己发现的新元素镓证实的是这样一个伟大的理论，勒科克心中无比激动。他在自己的论文中以极其敬佩的语调写道："通过镓元素相对密度的多次测量，我认为，没有必要再来说明门捷列夫先生这一理论的巨大意义了！"

整个化学界乃至科学界都被元素周期律的证实而震惊了。迅速作出反应的人很多，其中包括门捷列夫的两位导师沃斯科列森斯基和齐宁。他们改变了四年前门捷列夫刚刚发表元素周期律时的看法，不再以批评的眼光看待元素周期律，而是由衷地向门捷列夫的天才发现表示热烈的祝贺。

世界各国的科学家都为周期律的证实而欢欣鼓舞。元素周期律很快被译成多种文字，传播到世界各地，与门捷列夫的名字一起被人们津津乐道。不少科学家根据门捷列夫的理论，开始按图索骥，寻找新的元素。从此展开了寻找新元素的研究热潮，也因此促使化学这门学科在那个时期得到了快速发展。

四年后的1879年，瑞典化学家尼尔森在一种名叫"硅钇矿"的矿物中发现了另一种新元素，并把它命名为"钪"。当他弄清钪的性质时立即发现，钪正是门捷列夫早就预言存在的"类硼"。尼尔森心悦诚服地赞叹道："这显然再次证实了俄罗斯化学家门捷列夫的理论，这一理论不仅能预见'未发现元素'的存在，而且能预言它最重要的特性。"

与此同时，门捷列夫的《化学原理》也受到了关注和极高的评价。该书不仅连续再版，而且被译成多种文字，成为世界公认的一部经典教科书。

此时鲍罗丁也对门捷列夫祝贺道："巴赫创造了音乐史上那辉煌的一页，而今重现在化学史上——您用一个简单的主题呼唤出了整个灵魂！您让化学得到快速发展，新元素、新成果层出不穷，为大家开阔了视野、指明了方法。"

第四节　春　天　来　了

放弃自己该做的事，就是失败，所以人不能轻言放弃。

太阳每天都升起，无论阴天雨天，不论冬天夏天，日复一日。这是宇宙的法则，是道理。

人生要尽全力度过每一天，能忍受得起这样反复的人，会获得最终的胜利。不论今天如何，人生的胜负是以一生来决定的，这也是道理。

门捷列夫在短短的几十年内，一个人创造的成果几乎多于整个俄罗斯化学界。他于1869年在俄文化学文献上首次发表了较成熟的周期表；同年，就出现了该文章的德文摘要。随后，1871年出现了一些德文译稿。门捷列夫的第一篇英文文章发表在1871年的《化学信息》上。1875年开始出现法文译稿。尽管他的教科书《化学原理》直到1890年才出现德文版，1891年出现英文版，1895年出现法文版，但是欧洲大部分化学家很快就通过各种语言的期刊文章了解了这个新体系。

很多历史学家认为，尽管门捷列夫的周期表很快就以主要欧洲语言发表，但是直到1875年，勒科克发现了镓，它才引起较大关注。有人认为这种延迟说明门捷列夫预言的成功，为人们对周期律的认可铺平了道路。毋庸置疑，他对于镓、锗尤其是钪的预言得到了很多关注，问题是，在人们接受周期律的过程中，这样的预言是否比周期律中很多成功的元素定位更加重要？仔细研究 1869 年第一张周期表出现后发生的事件，说明事实可能并非如此。

化学家们多年来一直专注于元素的原子量和物理、化学性质之间的关系。在此探寻过程中，前人获得了大量有价值的信息。门捷列夫和迈尔将这方面的信息进行了整理和拓展，并奠定了元素分类体系的基础。他们凭经验根据原子量对元素进行排序，从原子量最小的元素开始，然后依次往下排列，直到已知的原子量最大的元素。氢后面的15 个元素依次如下：

锂 7　　　钠 23

铍 9.4　　镁 24

硼 11　　　铝 27.4

碳 12　　　硅 28

氮 14　　　磷 31

氧 16　　　硫 31

氟 19　　　氯 35.5

钾 39

只要了解这些元素的基本性质，就不难发现这些元素的前 7 种和后 7 种的性质存在神奇的规律，即前 7 种元素的性质在后 7 种元素中得到重现。

就像我们对自然秩序的认识所取得的每一个巨大的进步一样，周期表不仅让我们清楚地懂得了很多未知的事情，还提出了新的问题，引发了新的困难，需要我们进一步研究。当然，这也是化学科学的重要拓展。

1882 年人们发现镓和钪后，门捷列夫和迈尔共同获得了声望很高的戴维奖。哲学家帕特里克·马赫和彼得·利普顿指出，这个奖项证明，直到发现了门捷列夫预言的元素后其周期表才得到认可。他们据此说明，在人们接受周期律的过程中，预言比元素定位更重要。事实上，利普顿还说道："60 个定位（已知元素的位置）也不及两个预言有效。"

马赫和利普顿均表示，在门捷列夫建构周期表时，对已知元素的定位和对三种未发现元素的预言之间有一个时间滞差。这个时间滞差的存在对于他们的论据很重要。如果没有这个滞差，预言和定位将出现在同一篇论文中，那么就很难确定在人们接受周期律的过程中，起到主要作用的到底是预言还是定位。

其他史学家也表达了自己的观点，认为门捷列夫的预言在人们接受周期表的过程中起到决定性的作用，但是他们没有引用那时化学家们支持这一观点的论述。当然，关键问题是，科学界是否认为预言的意义高于对已有事实的解释，而不是后来史学家们如何报道。这些史学家们仅是再现了事件的过程，并穿插了有关预言的神话，马赫和利普顿后来在哲学作品中又复活了此观点。当然，门捷列夫的元素定位和预言同时发表这一事实并没有改变利普顿和马赫的立场，他们还是认为科学家们把预言看得更重要。通常的说法是，门捷列夫在先，因为他作出了预言，并且这些预言后来都被证实是正确的，而迈尔没有给出任何有意义的预言。

人们总是希望，春天的一切都是美好的，冬天的寒冷、朔风、冰雪将不复返。门捷列夫用他自己的方式播种希望，收获硕果。他的一生，历经各种风雨、坎坷与磨难，但他心怀希望，坚守信念，走过冬天的寒冷，朔风、冰雪在他面前消失，迎来生机勃勃、百花盛开的春天……

第五节 真理的脚步

门捷列夫此时已成了俄罗斯家喻户晓的大人物，甚至走在街头，他身后也会跟着一群崇敬他的人。虽然他的名气很大，但他仍然是不摆架子、和蔼可亲的普通人。他跟谁都很融洽，性格豪爽，为人正直，待人真诚，不拘小节。门捷列夫以他的学识、品格、声望，成为俄罗斯科学界的骄傲。在圣彼得堡大学，门捷列夫成为最受学生欢迎的老师。他与学校的助教、学生亲密无间，甚至与佣人也是这样。

门捷列夫既是一位伟大的科学家，又是一位优秀的教师。作为一位化学教授，他不是一味地向学生头脑里灌输知识，而是十分注意唤起学生学习化学的兴趣和热情，以及理解化学的能力和悟性。他讲的课，常常是把听课的所有学生的注意力集中在一起，让大家共同思考，共同讨论，共同理解。听过门捷列夫讲课的学生都有这样的感觉："过去学化学，觉得有许多需要记忆的零碎知识，一时难以记忆和吸收消化。听了门捷列夫的讲课后，才开始认识到，化学原来也是一门丰富生动、引人入胜的学科。"因此，来听他讲课的不仅有理科的学生，还有其他院系文科的学生。大家慕名而来，就为了来感受这位伟大人物的精彩讲授，教室里经常座无虚席。

由于门捷列夫对各门学科都有广泛的涉猎和深入的研究，因此他讲课的内容范围很广，经常涉及物理学、天文学、天体物理学、气象学、地质学、动植物生理学和农业学的许多方面，同时也涉及各门技术科学。加之他平时喜爱文学和音乐，爱读莎士比亚、歌德、雨果、普希金等文学家的著作，深厚的文学修养使他的讲课生动而精妙，语言表述非常吸引人。有时，他也像卡了壳，找不到合适的词汇，使得初次听他课的人为他着急。但这种担心是多余的，因为门捷列夫一定会找到那个词，而那个词一定是人们意想不到的、精妙绝伦的。门捷列夫简直就是个卓越的演讲家!

门捷列夫的一个学生这样描述当时的情景:"在门捷列夫讲课之前,不仅是他讲课的第 7 教室,就是邻近的其他教室,也早就挤满了各系和各年级的学生。我当时也挤在这些激动而兴奋的学生中间,迫切地盼望着门捷列夫的到来。终于,从通向讲台的那个实验标本室传来了轻轻的脚步声,教室顿时肃静下来——门捷列夫在门口出现了。他身材魁伟,微微驼背,斑白的长发垂到两肩,银灰色的长须衬托着那张严肃而淳朴的面孔。仅仅是短暂的沉寂后,台下突然爆发出雷鸣般的热烈掌声……在座的所有人都用这种方式表达对门捷列夫的崇敬之情。"

然而,可悲的是,谁也没有想到,就是这样一个享有崇高威望的、在国际上也备受尊敬的俄罗斯科学家,竟然会被排斥在俄罗斯科学院院士候选人的行列之外。

1880 年,俄罗斯科学院院士齐宁去世了。按照俄罗斯科学院——"俄罗斯第一流科学家团体"的章程,院士缺额应当补选。以著名的有机化学专家布特列洛夫为首的许多院士提名门捷列夫为院士候选人,并指出:"门捷列夫以他对化学的贡献及其为俄罗斯工业发展作出的贡献,有资格在俄罗斯科学院占有席位,这是任何人都不能否认的。"

但是,不可思议的事情竟然发生了。因为,在俄罗斯科学院的上面,有沙皇及其仆从。统治者不仅要哲学等人文科学做政治需要的婢女,也要使自然科学成为其统治人民的工具。结果，沙皇的仆从采用卑鄙的伎俩操纵选举，使正直的门捷列夫落选了。

对此，门捷列夫心中充满了愤怒和悲哀，愤怒统治者的卑鄙，悲哀科学在俄罗斯的被操纵。这些悲哀当然不只属于他自己，而是整个俄国科学界的不幸与悲哀。他十分清楚，沙皇及其仆从的所作所为，并非是单纯对他个人的某种资格的剥夺，而是对整个俄国科学界的肆意亵渎和极端蔑视。当个人的悲剧成为民族悲剧的缩影时，悲愤能不刻骨铭心吗？

消息一传出，全国上下顿时哗然。国际舆论把沙皇及其仆从的不光彩行为及俄罗斯科学家和进步团体的抗议称作"门捷列夫事件"。在国内，正直的俄罗斯科学家们纷纷强烈谴责和抨击沙皇政府这一以政治为阴谋而亵渎科学的极端丑恶的行径。有机化学家布特列洛夫撰写发表了《俄罗斯的科学院还是皇帝御用的科学院》的文章质疑沙皇政府；莫斯科大学的教授们写信安慰门捷列夫，愤怒谴责"反动的黑暗势力压抑科学家"；基辅大学聘请门捷列夫为名誉教授。很多其他有名的大学也都聘请他当名誉教授。在国外，很多科学家也为门捷列夫的遭遇表示同情和惋惜。

国内外同行和众多大学对门捷列夫的声援安慰使他深感欣慰。他在给基辅大学校长的回信中写道："我衷心地向您和基辅大学的校委会致以谢意。我明白这是俄罗斯的荣誉，而不是我个人的荣誉。"

　　国际科学界同时也用他们的方式表达对门捷列夫的声援。伦敦科学院、巴黎科学院、罗马科学院、柏林科学院、波士顿科学院等世界著名科学院，都纷纷聘请门捷列夫为名誉院士。

　　一个人如果只活在生活的表面，对一切的人和事机械地接受，没有思考，没有质疑，没有反抗，那这个人一定是僵尸，他的生命将会黯淡无光。门捷列夫为此事深感痛苦，但他没有屈服于沙皇政府及为其服务的那些小丑，他依旧进行研究，进行教学。

　　当落选了的门捷列夫照例登上圣彼得堡大学的讲台时，学生们以更加热烈的掌声来表达对他的崇敬。"欢呼声、掌声像春雷般震天撼地，这掌声透出对门捷列夫的更加尊重与支持。"一个学生回忆道："那简直是一场暴雨，一阵狂风。全体同学高声欢呼，尽情地表达自己对门捷列夫的颂扬和崇敬……"

　　一种庄严的使命感再次充溢着门捷列夫那博大的胸怀。是的，科学属于全人类，而不只属于沙皇。他想起了普希金的诗句："沙皇也无法改变冥冥中的自然力。"因此任何力量都无法阻挡他追求科学，追求真理的脚步。

第六章

生命的凯歌

　　翻开历史的长卷，我们就会发现，在人类活动的各个领域里，都涌现出了许多杰出的人物，我们称之为——英杰。英杰是伟大人格的代表，是时代精神的凝练，是自我完善的象征，是披荆斩棘奋勇前行的先驱。正是因为有了他们，人类历史的长河才会更加波澜壮阔，他们是一座座历史的丰碑！

　　科学发展过程中的每一个转折点，都是由革命性人物打开的。门捷列夫就是现代化学发展史上的丰碑性人物。尽管他的人生后期远离了科学研究的前沿，但他的智慧结晶——元素周期律仍指引后人不断去探索、去证实、去完善、去升华。无论现代化学怎样发展，历史都会永远铭记门捷列夫在化学发展史上那浓墨重彩的一笔。

第一节　你在我的生命里

1876 年，门捷列夫恋爱了。

人世间最难的是相遇。我们每天与很多人擦肩而过，但这不是相遇。我们不停地认识一些新人，彼此交换名片，互相开着玩笑，这也不是相遇。只有在最初见面的时候，你突然觉得心里有了一种异样的情绪，或者是模糊感觉到它埋伏在你的身体里，那才是相遇。只有在第一次见面后的许多日子后，你回忆起那一刻，内心充满了惆怅或者是甜蜜，那才是相遇。只有在一切轰轰烈烈的开始又悄无声息地落幕之后，某一天，某一个地点，某一个人将你所有的往事赤裸裸地吐露之时，这才是相遇。

爱情让门捷列夫焕发了青春，让他品尝到了生活的甜蜜，也让他懂得了爱情是等待你前生注定的那次美丽的相遇。漫漫人生路上，相爱的人一路同行，任时光匆匆流去，彼此告诉对方一声：我只在乎你！那么前方的路上定会有碧海青天、鲜花烂漫。

第一次婚姻的失败让门捷列夫更加珍惜这来之不易的幸福。门捷列夫所喜爱的文学、音乐、绘画等等，都是前妻所不屑一顾的。因为门捷列夫忙于科学事业，很少能顾及家庭，他的前妻为此经常发怒、唠叨、喜怒无常，这让门捷列夫很苦恼，甚至焦头烂额。家庭的温馨成了奢侈的梦想，门捷列夫忍受踽踽独行的凄苦。

聪颖而富有艺术天赋的姑娘安娜·依凡诺夫娜与门捷列夫一见钟情。安娜很快就被这个同样富有艺术气质的科学家吸引，两人深深地相爱了。在经历了四年的等待与折磨之后，1880 年，门捷列夫与安娜结婚，真正的家庭生活才从此开始。门捷列夫开始感受到家庭的温暖和爱意，感受到妻子的关怀和爱。安娜的善良、热情好客也使门捷列夫的家中从此宾朋满座，他们还约定每周在门捷列夫家聚会一次，每逢星期三的家庭沙龙，会有不少一流的俄罗斯艺术家、科学家聚集到这里。这是艺术的盛典，更是科学的聚集，高雅与现实，浪漫与严谨在此呈现。门捷列夫在聚会上总是兴致勃勃。在门捷列夫家庭沙龙上，门捷列夫慷慨陈词道："让我们的激情和智慧，融入每次聚会里，激发出思想上的光芒，看看我们的聚会，能造就怎样的一批人！"

画家列宾笑道："我们的聚会或许会把我们变成诗人。记得德国诗人歌德也组织过一个'星期三聚会'，有七对夫妇每两周聚会一次。歌德为此出了《宴歌集》。"

在一次聚会上，画家库英支拿出自己的新作品供大家批评和欣赏。门捷列夫这时摇身一变，俨然是个艺术评论家。他语言风趣，见解独到，加上他爽朗的笑声，使得星期三的家庭沙龙充满了融洽的气氛和高雅的情趣，大家的思想得到了充分的交流。这时，人们会暂时忘记门捷列夫是个科学家，而把他当作朋友、亲人、文学家、艺术家。

但门捷列夫时刻没有忘记自己的职责。

温馨的家——可爱的儿女、聪慧贤淑的妻子是他生活和工作的动力源泉，使门捷列夫以更大的热情投入到科学研究工作中。由于工作很忙，他在家的时间总是很少，每天从清晨开始工作，一直到下午五点半，然后六点钟才开始进"午餐"，再一直工作到深夜。安娜是他的甜蜜伴侣，更是他的人生知己。安娜无微不至地关心着门捷列夫的生活，精心服待着他，她知道门捷列夫不仅是她的天和地，更是俄罗斯的骄傲与宝藏。晨曦中伴他一起迎接朝阳，夕阳下与他一起散步享受爱情和生活的甜蜜。不为名利，只为守候，不为来生，只为今生能与门捷列夫相遇、相守，不为修来世，只为今世能保佑丈夫的喜乐平安。安娜懂得他们已融入了彼此的生命里，门捷列夫此时就像勤劳的农夫那样，为俄罗斯的科学辛勤地播种，等待着种子的生根、发芽、开花、结果。

1886 年年初，门捷列夫在《李比希化学年报》的增刊上，得知德国化学家温克勒尔用光谱分析法发现了新元素"锗"。门捷列夫仔细研究了新元素"锗"的发现，这个新元素正是他以前所预言的"类硅"。他心情异常激动，元素周期律中的又一个预言被证实了，他随即给温克勒尔写了一封信。

温克勒尔经过对照发现，他所测出的锗的相关数据和门捷列夫十五年前的预言几乎没有两样。

门捷列夫曾预言：这种金属的原子量约为72。

温克勒尔测定的值为72.3。

门捷列夫曾预言：这种金属的相对密度约为5.5。

温克勒尔测定的值为5.35。

门捷列夫曾预言：这种金属几乎不与酸反应，但可以和碱反应。

温克勒尔的实验证实锗的化学特性：锗很难和酸作用，但熔融时极易和碱起作用。

门捷列夫曾预言：这种金属氧化物的相对密度大约是4.7，它极易溶解于碱，并容易还原为金属。

温克勒尔的实验证实：氧化锗的相对密度是4.703，易溶解于碱，并可用碳还原为金属。

门捷列夫还预言：这种金属和氯的化合物应是液体，相对密度约为1.9，沸点约为90℃。

温克勒尔的实验也证实：氯化锗是液体，相对密度为1.887，沸点为88℃。

温克勒尔的一切实验结论都表明，门捷列夫的元素周期律是多么伟大的天才发现！

温克勒尔满怀激动地回信道："今天，我谨向您报告这个可能是您研究工作的新胜利的消息，并表达我对您的敬仰和深深的敬意。"

至此，门捷列夫在 1871 年所预言的 3 种"未发现元素"已全部找到，并且它们的各种特性都与事实相符。

站在秋天金色的阳光下，门捷列夫眺望着远方，思绪回到十五年前苦寻元素周期律的那段经历。这是周期律的第三次胜利，门捷列夫坚信，以后还会有佳音传来的。

这次"家庭沙龙"的主题，自然集中在了"元素周期律的胜利"上。大家纷纷向门捷列夫表示祝贺，门捷列夫则用爽朗的笑声感谢道："如同音乐、文学和艺术永远不可能达到极限一样，科学也是这样，是一个永远探索，永无结束的事业。在这个意义上，周期律的胜利更使我感受到了一种危机。周期律远未完美，周期律的证实，或许才刚刚开始呢！"

人们都以为门捷列夫是谦逊的表达，并未把他的这番话当真。只有列宾用略为诧异的目光看着门捷列夫，品味着他含意深远的话语。

随后，列宾轻轻地哼起了《伏尔加船夫曲》。门捷列夫立即会意，用低沉的嗓音唱了起来：

哎哟嗬，哎哟嗬，齐心合力把纤拉！哎哟嗬，哎哟嗬，拉完一把又一把！……

第二节 飞 天 梦

1887 年的一天，门捷列夫沉浸在深深的哀痛中——他的挚友鲍罗丁永远地离开了他，离开了这个世界。

一切都仿佛是发生在昨天：鲍罗丁兴致勃勃地谈着他的交响音乐《在中亚细亚草原上》，为大家讲解音乐，讲解巴赫、贝多芬。鲍罗丁以舒缓的曲调，描绘着一幅幅美丽的画面……

门捷列夫非常喜欢鲍罗丁的《在中亚细亚草原上》这支曲子，因为它使人联想起西伯利亚那绿色的河流和郁郁葱葱的森林，使他想起美好的童年和父亲，使他想起了永远敬爱和怀念的母亲……他甚至觉得，这支曲子是写给他母亲的，那位叫德米特里耶夫娜的伟大女性。

优美的旋律还在耳畔，鲍罗丁却匆匆离去。灰色的墓碑上简单地刻着他所发现的化学公式和音乐作品的主题。一位音乐评论家说："没有一个音乐家能像鲍罗丁那样只写了一点儿作品就能永垂不朽，名垂青史。"门捷列夫说："无论是音乐艺术还是科学，之所以永垂不朽，恰恰在于简单。鲍罗丁和巴赫都是这样。"

说完这番话，一种情愫在门捷列夫的心中涌动，成为激励他永不懈怠的动力。他虽已年过半百，却壮心不已，甚至想飞上天空，去那里做实验。

"是的，我想飞上天空，"门捷列夫对朋友们说，"这是我多年的夙愿——到天上研究气体，研究大气上层的气象学和物理学。当然，更重要的是 1887 年 8 月 19 日的日食，那是一个不可多得的好机会啊！"

这次行动，门捷列夫首先遇到的困难是没有制作热气球的经费。争取政府拨款？那未免太天真，很不现实。于是，那些购买门捷列夫著作的读者在书的扉页上看到这样两行字：此书售后所得款项将用于作者制造一个大型气球，以全面研究上层大气的气象。

门捷列夫亲自参与此次研究的所有工具的制作，亲手设计和绘制大型气球，亲手制作灵敏的差式气压计。经过不懈的努力，如期制成了热气球和极其灵敏的差式气压计。在巨大的氢气球下，是可以容纳两个人的吊篮。到时候，将由航空专家科克林驾驶气球，门捷列夫负责进行各项观察和研究。

1887 年 8 月 19 日，这一天终于到来了。当一切都准备就绪，人们才发现挂上吊篮、装上仪器后，气球的升力不够，无法承载两个人的重量升空。

出现这种状况，大家不知如何是好，但门捷列夫坚定地说："我一个人升空，进行观察和研究。"朋友们都劝阻门捷列夫说："你一个人升空太危险，等下次再说吧！"

门捷列夫答道:"我已经没时间等了,机不可失,失不再来。1868 年 8 月 18 日的日全食,法国天文学家让桑和洛克耶在这一天发现了什么?他们发现了元素'氦'!当他们把分光镜对准日食时,结果在平常出现钠的黄线的位置旁边,发现了另外一条明亮的黄色谱线。他们由此断定,这是一种地球上没有的'太阳元素',并取名为'氦'。一次日食观测,能发现一种新元素,这是多么伟大的壮举,也是多么难得的机会啊!虽然我至今仍怀疑是否真有这种'太阳元素'存在,但是如果没有那次对日全食的观察,那我就连怀疑也无从谈起。日食不是随时都能观察的,我一定要把握住和利用好这次难得的机会。"

科克林说:"那就让我上吧,你没有驾驶过热气球,你一个人升空实在太冒险。"

门捷列夫语气坚决地说:"我是一定要上去的。要知道,此刻有多少人在像注视一项重要的科学实验那样,期待着我的这次飞行和观察研究结果,我不能辜负他们的期望。我一直非常崇敬道尔顿,而道尔顿的科学生涯是以观察研究气象为开端,并以观察气象为结束的。如果万一我在天空出现了意外,也不过是以研究气象为结束罢了。那样,道尔顿先生会在那边欢迎我的。"说着,门捷列夫带着微笑,跨进了吊篮。

在人们的注视下,热气球开始上升,越飞越高,看上去像一个小蘑菇飞向天空。门捷列夫在吊篮里专心致志地观察着日食，观察着气象现象。忽然，气球的操纵仪出现了故障，气球此时左右摇摆，如不及时修复，气球随时可能坠落。此时的门捷列夫出奇地冷静，他仔细观察了故障情况，思考了排除故障的方法后，利索地爬上了气球的网绳。

在地面上，人们看到门捷列夫从吊篮里爬上气球的网绳，他们的心一下子提到了嗓子眼。人们在默默地祈祷一切安好。好在门捷列夫很快就排除了故障，回到了吊篮里，一切恢复正常。

过了很长时间，热气球徐徐降落。当门捷列夫跨出吊篮时，人们情不自禁地欢呼起来。人们紧紧地拥抱着门捷列夫，仿佛在拥抱祖国的未来，在拥抱俄罗斯科学的春天。

因为这次勇敢的飞行，法国气象航空学院授予门捷列夫荣誉奖。当然，沙皇政府照例是装聋作哑。

1890 年 3 月，圣彼得堡大学爆发了一场政治革命，反对沙皇亚历山大三世的学生运动。满腔热血的进步学生举行集会和演讲，引起了门捷列夫心中强烈的共鸣，大大地激发了门捷列夫内心深处的政治热情。学生们拟好请愿书后，邀请在学生中享有崇高威望的门捷列夫出席集会，并在集会上请求门捷列夫将请愿书递交国民教育部部长捷良诺夫。在政治上这是个敏感的问题，但门捷列夫毫不犹豫地站在了学生一边。

追求真理，为真理而战，为科学献身，门捷列夫心中又生出了跨进吊篮时那种九死一生而不悔的决心。

但是，很快他递交的请愿书被退了回来，还附上了一纸官场上通行的话语："国民教育部部长命令，请愿书退还现任五等文官门捷列夫教授，因为部长以及为沙皇效劳的任何人员都无权接受此项请愿书……"

看着一纸胡言，门捷列夫怒火中烧。他愤怒至极，更为俄罗斯的未来感到担忧。在沙皇和他的仆人们的统治下，科学不能自由发展，政治和权利任他们使用，人民只能任其摆布，门捷列夫觉得自己已经别无选择。他本来就是学院里有名的教授，周期律发现后他更受学生的欢迎，每天慕名来听课的人挤得连教室的走廊上也插不进一只脚。这天，像往常一样，门捷列夫又来上课，照样是满堂屏气凝神，鸦雀无声。一会儿讲课结束，学生们又欢呼雀跃，掌声雷动。可是门捷列夫却将讲义合上，示意学生们静下来，走到讲台的前沿。他沉默了片刻，像要说什么，却又说不出，眼里含着愤怒，还闪着一点泪光，最后只说了一句："对不起，同学们。这是我给大家上的最后一堂课，希望你们今后认真读书，各自珍重。再见！"

门捷列夫辞职以示抗议。

门捷列夫愤然辞职的消息，使学生更加愤怒，民众忍无可忍，重新掀起了学潮。警察冲进了学校，逮捕学生，恫吓学生……专制的铁蹄践踏着人们对真理和民主的渴望。

凄风苦雨中，门捷列夫面对圣彼得堡大学学子们无数双含泪的眼睛，作了最后一次讲演。他那低沉有力压抑着愤怒的声音，久久回荡在 1890 年 3 月的圣彼得堡大学校园和无数颗年轻学子的心中。他用这样一句话结束了演讲："由于众所周知的原因，我恳请大家在我退席的时候，不要鼓掌。"

礼堂里一片肃穆沉寂，应有的欢呼声和掌声此时化作了久久的沉默。人们用满是敬仰与不舍的泪眼与他依依惜别。

就这样，门捷列夫走了，离开了他所热爱的学生，他所热爱的讲台和教室，离开了他工作了三十三年的圣彼得堡大学。

他没有了实验室，没有了讲台，没有了学生。

对政府和沙皇的愤怒，对科学的担忧，变为积郁心底的悲愤，久久不能排遣。门捷列夫干脆搬到了一个叫华西里耶的岛上，无论何处都不去，任何人都不见。

此时，他唯有在心中默默地一次次同母亲对着话。他翻开三年前那本名为《水溶液研究》的著作，默诵着卷头献词——

"这项研究我是为了怀念母亲和献给母亲而做的。我的母亲经营工厂支撑一个大家庭的生计，用她的汗水抚育幼子，以身作则熏陶我，以无私的爱鼓励我，母亲给了我人生巨大的财富——坚定的信念。临终之前她告诫我：'不要依靠幻想，不要依靠空谈，应该依靠实际行动，追求自然之神的智慧，并永远不倦地追求它。'"

门捷列夫望着夜空，轻声地说道："亲爱的母亲，我将永远铭记您的教诲，永远追求真理！"

第三节　百　炼　成　钢

有的时候，我们会和原先宏大的目标脱节，有的时候，我们走了自己不该走的路。而造化会将我们引入正轨，使我们重新朝着正确的方向奋进，以便实现我们个人的目标。一旦我们从头来过，无知的世人便会说我们行动失败了。事实上，每一次失败都是成功的契机；每一次失望，都是沉默的上天为你指引一条光明的道路。

当门捷列夫举家来到华西里耶岛后，俄罗斯和俄罗斯科学界又怎舍得让这样一位伟大的科学家悄然消失呢？

那是一颗伟大、正直的心灵，与丑恶、卑鄙不共戴天；那是一颗睿智、天才的头脑，憧憬着探寻物质世界的奥秘，寻找大自然的法则；那是一颗爱国、忧民的灵魂，企盼着祖国发展、富强、民主、文明。

不难想象，如果门捷列夫真的从此消失，对科学界和俄罗斯将意味着什么？

他作为一位有世界声誉的俄罗斯科学家，被国内外一百五十多个学术团体聘请为会员，被很多国际一流大学聘为名誉教授，在欧美有五十多个科学团体聘请门捷列夫为院士……但是在俄罗斯却遭遇了迥然不同的待遇。

就在1889年的夏天，著名的英国皇家化学学会，还特邀门捷列夫在"纪念法拉第学术演讲会"上向世界一流的化学专家讲述元素周期表的发现过程、作用和意义……

门捷列夫也深知人们期盼着他回来。终于，他抑制了心中的激愤，昂首挺胸，重新回到了圣彼得堡。"沙皇和他的仆从不能代表俄罗斯，让我们为俄罗斯人民而努力！"门捷列夫说。

虽然没有了先前较好的条件，没有先进的实验室，离开了科学研究的前沿，但这个微微驼背、满头银发的著名科学家又精神焕发地战斗在了实用发明领域。他应邀到了海军部，研究无烟火药。

为了研制无烟火药和制定详细的无烟火药生产规程，门捷列夫专门到英国、法国的火药工厂进行了实地考察。回到圣彼得堡后，门捷列夫开始对纤维硝化的各种条件进行系统的分析，研究各种溶剂的作用以及各物质间的化学反应和反应速率，1892年他终于研制出当时世界上最为先进的无烟火药生产工艺。

但令门捷列夫大为失望的是，他费尽心血研制成功的无烟火药，因为种种原因在本国得不到生产和应用，反而被美国军队利用，在大洋彼岸进行大批量的生产。后来，第一次世界大战爆发，俄国没有生产这种无烟火药，却又不得不从美国订购由门捷列夫设计的无烟火药，这是多么大的讽刺啊。

不久，门捷列夫又不得不离开了海军部。这并不令人意外，因为他时常流露出的进步思想、正义感和民主理念与海军部的"某些大人物的看法"相冲突。

深知门捷列夫才能的财政部部长维特为门捷列夫的遭遇深表同情，随即推荐了他。1893 年，门捷列夫担任了俄罗斯"标准度量衡贮存库"的"库长"。次年"库"改为"总局"，门捷列夫成为标准度量衡贮存局的"局长"。

走马上任的门捷列夫向那位叫拉瓦锡的化学前辈苦笑道："尊敬的法国度量衡委员，我又追随你的足迹来了。"

即使在这样一个职位上，门捷列夫也不遗余力，挥汗如雨，干得兢兢业业，有声有色。因为他觉得在俄国这样落后的国家，迅速推广国际标准的度量衡太有必要了。"现今俄国的度量和计量标准太混乱了。有些度量的标准完全是某些人为了私利而伪造出来的，与科学和实际应用相违背，不利于俄国科学和工业的发展。"

"您认为采取什么措施好呢?"维特问。

"眼下最迫切的是要实行十进位计数制，让我们和世界上其他先进的国家保持一致。我们国家现在实行的进位制比较混乱。"门捷列夫用广阔的视野看待科学，他的胸怀总是向世界开放的。"我们应该参照英国现存的标准，来拟订一个适合我们国家的度量衡新标准。"

不久，门捷列夫又远赴英国进行考察，在那里还应邀到牛津大学和剑桥大学，参加授予他名誉博士称号的隆重仪式。

回到圣彼得堡后，他首先建立了专门的度量衡检验室，包括称量检验室、温度计检验室、电量检验室、长度检验室等6个检验室。

标准度量衡贮存局的"局长"工作繁杂而艰辛。但是经过六年的努力，门捷列夫终于使俄罗斯的度量衡飞跃到了先进国家的水平，这些成绩即使是先进国家也需要十五年至二十年才能取得。

1899年，门捷列夫开始在俄罗斯推行国际上通用的计量制——"米制"。与此同时，他还不顾身体患病，长途跋涉到达乌拉尔，调查那里的钢铁工业发展缓慢的原因，并出版了《1899年的乌拉尔钢铁工业》一书。同时他还不断完善从1888年就提出的地下煤气化的设想，并提出了扩大顿涅茨河口等设想。

虽然他已是一个垂垂老矣的"局长"，但他整天仍不知疲倦地工作着。

"劳动吧，在劳动中可以得到心灵的安慰，而在其他事务中是找不到的……"门捷列夫对别人这样说，自己也是这样做的。

多年奔波于科学应用领域，难道门捷列夫已经放弃了科学研究，放弃了一往情深的化学"黑森林"吗？

"怎么会？"门捷列夫擦擦脸上的汗水，口里唠叨着。怎么忘得了呢？占据他心灵的永远是他"念念不忘的化学理想"。

他开始写作《念念不忘的理想》。"满腹的心事想吐露，但我因众所周知的原因而保持沉默，唯恐因缄默而酿成错误。因此想把我的'理想'写出来。可是还来得及吗？"门捷列夫向人们述说自己的心事。

19世纪转身而去，20世纪匆匆而来。站在新世纪门口的门捷列夫，此时向人们捧出了他作为世纪大礼的两本著作：《念念不忘的理想》和《试论化学对以太的理解》。

很多人感到欣慰的是门捷列夫还在谈论科学，他没有离科学而去，没有离化学而去。一位伟大的科学家，一位真正的科学工作者，无论遭遇什么，都不会放弃自己的理想和追求。正如门捷列夫自己所说的，对科学真理的追求永远是他"念念不忘的理想"。

第四节 百 花 齐 放

就在门捷列夫为科学的实际应用忙碌，孜孜不倦地为度量衡而操心，为乌拉尔的钢铁工业而出谋划策，为巴库的石油而着急时，世界各国的科学家们正以前所未有的热情投入化学、物理学那迷人的天地，他们接连不断地收获着一个又一个激动人心的发现：

1894 年，英国化学家拉姆塞和瑞利发现了性质很稳定，同任何气体都不发生化学反应的气态元素"氩"；接着又在挪威产的铀矿石产生的气体中，利用光谱分析法用分光镜发现了人们以前认为只存在于太阳上的元素"氦"。

1895 年，德国物理学家伦琴发现了一种奇妙的射线，这种射线能够自由地穿过各种物体，伦琴把这种人们所知不多的射线称为"X 射线"。

1896 年，法国物理学家贝可勒尔发现了物质的放射现象，证实很多物质具有放射性。

1897 年，拉姆塞预言了 3 种尚未发现的气体元素，并于次年全部找到。

1897 年，英国物理学家汤姆孙发现了带电粒子，测定了电荷和质量的比值，并把这种粒子称为电子，在此基础上又提出了原子结构的假说。这个假说打破了原有的认识——原子是最小的微粒，是对"原子是物质世界不可分的最小微粒"学说的强烈挑战。

1898 年，居里夫妇找到了两种新元素——钋和镭，并发现镭能自发地射出强大的不可见射线，又一次证实物质的放射性……

这些物理学、化学上的多种发现，对 19 世纪及其以前所建造的科学大厦形成了强烈冲击。对于科学和科学家们来说，这既是挑战，又是机遇。

伟大的门捷列夫能预见这场暴风骤雨般的新发现将会为科学研究带来一种革命性的变迁吗？

门捷列夫迟疑地摇了摇头。没有士兵的统帅，没有实验室的化学家，除了苦笑，还能怎样呢？

穿越科学的"黑森林"，已成越来越遥远的奢望，越来越模糊的记忆。他对科学研究的最新进展已鲜有了解，对新的理论学说的意义已不再敏感，对科学的突破所展示的前景也不再有精准的预见。他的心中，并未因科学的大量发现而改变初衷，仍如二十年前那样，是基于对牛顿定律的信仰而形成的坚定信念：元素周期律是一种完美无缺的自然法则。它应是没有杂质的赤金，是不带任何不和谐音的优美旋律。因此，二十年来他始终在考虑如何解决元素周期表中存在的矛盾。比如，碲这个元素的原子量是 129，如果按原子量的大小排队，应排在原子量为 127 的碘的后面。但如此排，碲就跑到了性质不相近的"族"中去了，也就不符合元素周期律了。是不是碲的原子量测错了呢？他反复测试了原子量，却始终无法证明碲的原子量小于碘。那么，对这一矛盾该如何解释呢？诸如此类的问题还有许多，还有很多不完全符合元素周期律的元素处在也许不相应的位置。

最省事的办法就是将之解释为普遍规律在特殊情况下

的例外，但这种解释早就被门捷列夫坚定拒绝了。大自然的规律是严密而科学的，是没有任何例外的——这是他铭刻心中的坚定信念。元素周期律一定会取得彻底胜利！他坚信，所有的元素都会按照原子量递增的顺序在周期表上找到自己的位置，使规律达到完美。

而现在人们的新发现证明，原子是并非不可再分的微粒，也不是组成物质的最小微粒，原子还有更复杂的内部结构，里边存在着所谓的"电子"！

新发现证明，有些元素可以释放出能量，发出射线，一种元素可以蜕变为另一种元素……

门捷列夫深切地感受到，化学科学的后来者们已不屑死守自己的立场。同样，他们提出的种种新学说也被门捷列夫视为不可理喻的异想天开，而被门捷列夫拒绝在他的科学思维之外。是的，原子怎么可能再被分解呢？道尔顿就深信，原子是物质世界最后的不可分解的"质点"，是组成物质的最小微粒！

不断出现的新发现和新理论使门捷列夫感到，越来越接近的不是周期律的完美，而是越来越多的理不清、道不明的头绪。很多新理论和新发现更多的是对周期律的质疑和冲击。他时常感到自己面临着两难的困境。一方面，他坚信周期律是自然界的法则，是完美的法则，因此对一切与周期律相悖的理论和发现，都持一种本能的怀疑；另一方面，他又不得不承认周期律的表述还不完善，需要后来者对它不断地进行充实。这便使他面对新理论和新发现时满眼迷惘，无从判断以往的结果和现在的新理论哪个对哪个错，不知该说什么好。他现在的角色是整天与度量衡打交道的"局长"。他的米尺无法测量射线，他的磅秤无法称出电子的质量，他现在的工作无法证实新发现的正确性。他唯有用一种思辨的方法来理解和评判这来得太快的一切新理论、新发现。

凭着对科学一往情深的眷念，门捷列夫不愿缄口不言，他要向世人表达自己的看法。他说，他真的不敢相信元素的放射性蜕变这类事实。这很可能是由于铀的原子内集中了大量的能量，因而具有特殊性质。而铀会不断放射出氦和其他元素，也就是说一种元素可以变成另外一种元素的理论，冲击着他坚守的物质观。"关于元素不能转化的概念特别重要，这是整个世界观的基础！"门捷列夫重复道。他说，作为化学家，最好还是把自己的研究限制在不变元素的研究里，"只去利用周期律这有力的武器，研究元素间和物质间的变化规律，而不必去探求对它的内在实质的解释，就像不知万有引力的原因，仍可利用万有引力定律一样"。这种观点是他在1884年时就开始强调的，二十年过去了，他仍坚守着自己的物质观。

他说，电子并无多大用处，丝毫无助于我们澄清事实……

这些观点令人们大惑不解。天才的门捷列夫，睿智的门捷列夫，怎么就没想用这些新的发现和理论尝试对周期律作出新的解释呢？相信一切伟大的定律，都只是真理的近似，因此具有进化和深化的能力。

门捷列夫望着茫茫夜空，发出了沉重的叹息：是啊，自己何尝不想立即找到那个完美的周期律？但是，这仿佛已是力不从心无法实现的奢望。既是这样，就把重任连同希望交给后辈吧。只有一直朝着理想与目标进发的人，才拥有光明的未来。只有淡淡地生活，静静地思考，执着进取的人，梦想与希望才会定格在他身上，他才会拥有永恒。

沉重的叹息是一个白发老人无可奈何的惆怅。他被时代，被科学，被新理论和新发现远远地甩在了后头。这声叹息也是一个永无止境的探索者不改初衷的悲壮低吟——并不是所有的痛苦都可以呐喊的。

第五节　时代的先驱

回顾历史我们可以发现，让人们接受门捷列夫的周期表并不是一件简单的事情，当然也不是通过他的元素定位或成功的预言来保证的。很多门捷列夫同时期的人喜欢其周期表对元素的定位，但也有许多像贝多利之流既不在意他的预言，也不关心元素的定位。因此，问题仍然存在：

门捷列夫的周期表在问世后数十年内很快就被人们所接受，直至今天它仍占据化学的中心位置，这一切究竟是如何发生的？

虽然门捷列夫的化学知识渊博，但是人们还是认为他并非真正意义上的化学家，而主要是一名分类者。他提供了一种思想——周期律，使化学现象系统化了。他用此思想整理了他所能得到的大量的化学数据。尽管他不总是正确的，但是他有一种超凡的能力，可以识别出哪些事实有关联，哪些没有。因为他能够洞察元素性质的模式，所以不仅可以预言新元素的存在，还能预测新元素的物理性质和化学性质。

俄国化学史学家凯德洛夫说："科学界惊奇地看到，门捷列夫作为一名理论家，对新元素性质的了解甚至比发现此元素的化学家更清楚。"在此期间，通过门捷列夫的周期律和其他人对周期律的不断证实，科学史学家布拉什提出了一个有趣的问题：理论家的可信度是否比观测者低？人们更倾向于信任预言而不是已有的知识，原因可能是人们觉得理论家设计理论时就想到要适应已有的事实。当时人们针对预言与实证的关系展开了激烈的辩论。但是，布拉什反问道：观测者们在报告实验事实时是否也同样受到理论的影响呢？如果是，与为了回应理论所做的观测相比，我们也许应该更信任那些在理论问世前就获得的观测数据。人们当时对很多问题都有争论，但却对原子量的修正没有什么意见。需要重点强调的是，已经有独立的实验数据支持这些原子量的修正值。化学家们不是简单地接受新的原子量，而是因为它们更符合门捷列夫的周期表。例如，拉尔斯·弗雷德里克·尼尔森和彼德森发现了一种铍的化合物——氯化铍。他们独立地得到了铍的原子量，而没有借鉴任何什么表，这就证明门捷列夫对元素铍的原子量的修正是正确的。

在给元素排序的过程中，除了作出重要的预言外，门捷列夫还梳理了他那个时代所知的所有关于元素的知识，包括原子量、物理性质和化学特征。门捷列夫并不需要正确地预测每一个将要被发现的元素。实验者们也没有局限于寻找周期表暗示存在的元素，而是在从事自己研究的过程中发现了新元素，从而证明元素周期律的正确性。稀土元素和稀有气体的成功引入，从根本上说是进一步证明了周期律的正确性。这一切也证明，自然科学的发现和发展，除了需要大量的实证外，思想的力量也是推进剂。一个伟大科学家的伟大思想，可以带给人们一个划时代的发现！

第六节　夜色阑珊

短暂而美好的青春在梦想的呵护下若莲花开落。沉思往事立残阳，只道是寻常。像一场盛世千秋的演出，门捷列夫在飞扬的青春舞台上，落下了完美的帷幕，迎来的是随风飘曳的宁静与沉寂。

门捷列夫愈发显得苍老了，头上的白发愈加稀疏，脸上深深地刻着岁月的年轮，两眼迷蒙已近半盲，并且不时咳嗽，双手颤抖得难以握笔。现在，门捷列夫最喜欢的就是回忆。回忆似长河，悠长，久远，它载得动过去，也同样禁得起未来。很多人，很多时候，常常被眼下的诸多不顺而打败，气馁于近处的磨难，殊不知年华如翻阅一本厚厚的定码书，看过去的越厚重，越沉稳，未翻阅的，就只能用心去一天天地熟悉了。门捷列夫此时就常想起父亲的那句话：心灵可以使眼睛在夜里看得很远。

门捷列夫像父亲一样，开始用心灵眺望自己走过的路。

回顾自己的一生，结果使他自己也感到非常惊奇：在科学生涯中，几乎什么都干过——研究过气体，研究过气象学，研究过俄罗斯的农业、石油工业、煤炭工业，研制过无烟火药，整理过度量衡；教学，在圣彼得堡大学一干就是三十多年，无机化学、有机化学都教过；写作，那书架上摆满了他已出版的四百三十多本著作，内容可谓五彩纷呈，涉及化学、物理学、工业、技术、经济、地理，甚至还曾涉足绘画艺术；理论，元素周期律带给化学界一个全新的视角和系统。

当年那个求知若渴意气风发的西伯利亚青年，如今已是风烛残年。他此时虽已年迈无力，两眼半盲，但要他说眼前的风景，他仍会觉得美丽诱人。那是因为他的心中有一种永不泯灭的希望——对科学发展的希望。任凭暮色苍茫，风雨迷蒙，他的心灵总是在眺望着，结果却使他失望。

拉姆塞的发现带给门捷列夫的是无比的惊诧和从天而降的巨大危机感，因为氦、氩这两种元素的出现带给元素周期律巨大的挑战。自从 1868 年有人宣布发现了太阳上的"氦"后，他就始终持怀疑态度，因而也从未打算给这种元素在周期表上预留一席之地。现在拉姆塞再次证实了氦和氩的存在后，周期律就面临着一种无法回避的质疑：这两种元素在周期表上应放在什么位置？因为无论将它们放在什么位置，都与前后的其他元素显得很不协调，甚至是矛盾的关系。

门捷列夫对此满眼迷惘，束手无策。

结果还是拉姆塞自己面对挑战勇敢地迎了上去。

拉姆塞测出氦的原子量为 4，氩的原子量为 39.88。按照原子量的大小排列后，拉姆塞依据元素周期律提出了一个大胆的预测：根据门捷列夫周期律所揭示的规律，一定还有其他 3 种气体元素未发现。他预言，这 3 种气体元素的原子量应分别为 20、82 和 130。

拉姆塞在提出这个预测后，转身返回实验室埋头苦干，想通过自己的努力证实自己的预测。结果不到一年时间，这 3 种元素先后由他发现证实，它们被命名为氖、氪、氙。

这样，拉姆塞先后发现了五种元素，并证明了自己的预测，同时也证明了元素周期律的科学性。历史重演了二十多年前门捷列夫为主角的那激动人心的一幕。

门捷列夫一直为之苦恼的元素周期表的问题迎刃而解——这5种气体元素另行组成一个"族"，称为"零族元素"。它们名正言顺地在周期表上找到了自己的位置，不仅打消了人们对周期律的质疑，而且使周期律更加完善，更具有广泛意义，同时也再次证明周期律还蕴涵着尚未揭示的深刻内容。这是元素周期律的又一次伟大胜利。

门捷列夫为此感到欣慰的同时，也多少感到有些酸涩。他是周期律的发现者、揭示者，因此可以说他对周期律有着最深刻的理解和把握。但是，"零族元素"从初露端倪到最终被证实，自己却成了旁观者。自己还能再为周期律做点什么？听听拉姆塞当初是如何表述心声的吧："我要以导师门捷列夫为榜样，竭尽全力去寻找期待已久的氦和氩之间的气体元素的性质和关系，填补空格，完善周期表。"这是对门捷列夫的高度赞扬和推崇，但同时不也是对后来人的一种激励和鞭策吗？

门捷列夫受到拉姆塞的极大鼓励，他再一次行动起来，把思维的触角重新伸向化学元素研究领域。在年近七十岁时，他预言存在两种新的惰性气体元素。他还说，这两种元素在日冕中应能找到，也存在于太阳光谱中。对于自己的预言，门捷列夫很有信心。他认为，流行已久的"以太学说"中的"以太"很可能就是惰性气体元素。一旦证实这两种元素的存在，人们便可以真正地深入认识"以太"的实质，探究"以太"的各种特性。但是，时光一天一天地流逝，他所预言的那两种元素却始终杳无踪影。他无法像拉姆塞那样自己钻进实验室去亲自寻找。而其他科学家接二连三的新发现，都不能对证实他的"惰性气体元素"预言有丝毫帮助。

年复一年，门捷列夫坚守着、眺望着。一次次的失望折磨得他心灰意冷。新的理论——原子结构理论、放射元素蜕变理论等，却仿佛是在更深的层次上否定、动摇着他对周期律的解释。

有越来越多的事实证明新理论的正确性，人们的思想也在这些新理论的冲击下慢慢地发生变化。而坚守陈旧的"以太学说"和"原子不可分""元素不可能蜕变"观点的人越来越少。门捷列夫依然坚守着他的思想，但他也感受到越来越强烈的孤独。他不得不承认自己对两种新的气体元素的预言是纯粹的思辨产物，并没有更多的科学实验作论据，完全可能落空。但他又多么希望预言再一次被证实，从而证明周期律的完美以及他所坚守的观点是正确的。

每一次回眸眺望都是失望，仿佛真理在有意躲避他。在漫长的等待和新理论的冲击下，他终于有些动摇了。其实，从1869年发现周期律开始，他的脑子里就已经出现了矛盾，他现在的动摇，不过是这个矛盾延续到现在的结果。

如今，他承认这个事实了：他最初给出的周期律的简单形式及其解释是不够的。周期律蕴涵的意义比他给出的和目前已揭示出的还要深刻得多。这种深刻意义甚至无法用当代的科学来解释。换句话说，周期律及其解释还并不完善，还有待后人去发展和完善。或许，这些年来的一系列发现会给周期律的完善带来契机。遗憾的是，自己已是 73 岁的迟暮老人，即使认识到这一点，也不能再为周期律的完善和发展作出任何贡献了。门捷列夫以科学家特有的姿态接受了事实。这也证实了什么是伟人的胸怀。

1907 年的新年，门捷列夫独自一人在空荡荡的办公室里。他要给新年一个献礼：制订乘飞艇到北极探险的计划。而此时的门捷列夫早已病魔缠身，他犹如燃烧的蜡烛，燃烧自己，但他的光芒却照亮了整个天宇，他的名字早已经刻在了世人的心中，令后人敬仰。

1907 年 2 月 2 日，门捷列夫因心脏停搏而去世。他仿佛站在了太阳旁边，让自己光芒四射；他依然骄傲地活着；他踮起脚尖，是为了更接近太阳。不放弃！既然选择了科学，留给世界的就只有他那孤傲的背影。阳光透过淡蓝色的玻璃窗，洒在他的书桌上，似在摇曳着一个金色的梦……

第七节　丰　碑

俄国的首都圣彼得堡此时雪花纷飞，一切都仿佛笼罩在哀痛之中。俄罗斯失去了一位伟大的、享有世界声誉的科学泰斗。送葬的队伍浩浩荡荡，队伍的最前面是由数名大学生抬着的一块大木牌——放大了的门捷列夫元素周期表。巨大的元素周期表缓缓地行进在通往沃尔柯夫斯基墓地的路上。道路两旁伫立的人们注视着这周期表，仿佛注视着门捷列夫那魁伟的身影，仿佛这就是门捷列夫那不朽灵魂的化身。门捷列夫安息在他母亲的墓旁。高大的柏树，留下了千年的赞叹：他自有他的高洁，他自有他的坚守。如果选择注定要搏击，那么他宁可奋斗一辈子。从此以后，天涯处，便只剩下英明与伟业。晨曦正好，阳光普照着虔诚祈祷的人们，那些用梦幻与理想浸泡的土地上，正播种着生命的真诚与希望，地平线上一串串的脚印，正是他们跋涉铸就的故事。元素周期表和元素周期律作为门捷列夫的化身，更像一座永恒的丰碑，为后世的人们探索科学的"黑森林"指点迷津。

随着时间的推移和科学的发展，人们逐渐发现，新的科学发现不是在否定元素周期表，而是更加深刻地揭示元素周期律的普遍意义，证明了元素周期律的正确，并在不断赋予周期律新的内涵和活力。

1911 年，卢瑟福根据自己的实验结果发现了原子内部还存在原子核，并提出了原子的模型，即原子像一个小的太阳系，原子核像太阳，电子像行星。

1913 年，丹麦物理学家玻尔根据普朗克的量子论提出了新的原子结构学说。根据这一学说，元素的物理性质和化学性质都能得到圆满的解释。

根据卢瑟福和玻尔的原子模型和理论，人们对元素周期律的研究有了质的飞跃。由最初只看到元素的归位、排序，深入到元素的原子内部，从而找到了真正决定元素物理性质和化学性质的根源。

卢瑟福的学生莫塞莱研究了周期表中三十多种元素的 X 射线光谱，当他把元素的电荷数与门捷列夫的元素周期表相对照时发现，这些数字竟和元素在周期表中排列的序数完全吻合。看来元素原子的电荷数与元素在周期表中的排列序数之间有必然的联系。莫塞莱由此得出一个重要的结论：门捷列夫元素周期表中元素所处的位置，不是由原子量决定的，而是由原子序数或原子所带的电子数所决定的。于是，元素周期律被重新表述为：化学元素的性质随原子序数或原子的核外电子数的递增而呈周期性的变化。

困扰人类几千年的问题——"物质是什么""物质是如何构成的"，现在终于真相大白。而门捷列夫，无疑是揭示这一奥秘的最重要的开拓者!

　　元素周期律是门捷列夫的丰碑,是化学的丰碑,是整个科学界的丰碑! 后来人此时正站在这位巨人的肩膀上,高扬着科学的大旗继续前行。

科普小知识

化 学 世 界

一、化学基础知识

1. 大千世界的物质

大千世界是由物质组成的。从人们日常所需的生活用品，到人们进行生产的生产资料；从大自然的树木、花草、鸟兽，到岩石、高山、大海；从地球上的万物到茫茫宇宙中的太阳、月亮和星球……都是物质。

这形形色色无以计数的物质，都是由一种被称为分子的微粒构成的。例如水是由水分子构成；氧气由氧分子构成。假如杯子里的水全由水分子组成，那么称这种水为纯净物。实际上，天然水中常常溶解有少量的各种盐类，还有病菌和其他杂质，所以是不纯净的。这种由不同种分子组成的物质，称为混合物。混合物没有固定的组成，也没有固定的性质。在我们周围存在的绝大多数天然物质都是复杂的混合物，像海水、泥土、花岗石等。

纯净物质当中，有的是由同种元素组成，再也不能发生分解反应，这种物质称为单质。如果是由几种不同元素化合而成的物质，称为化合物，它们在一定条件下能够发生分解反应。如水在电流的作用下，可以分解出氢气和氧气，我们说水是化合物，氢气和氧气都是单质。单质又可以分为金属和非金属两大类。氢气、氧气、氮气等是非金属；金、银、铜、铁、铝等是金属。世界上的物质千姿百态，根据物质的组成对物质进行分类，如下图。

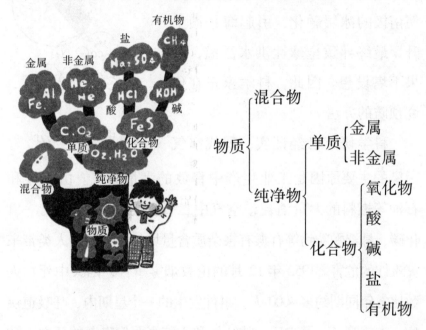

2. 看不见的空气

地球上的生物，都靠看不见的空气生活。那么，空气是什么呢?

空气中的主要成分是氮气和氧气。氧气约占空气体积的21%，氮气约占78%，还有少量氩气、二氧化碳等。空气是一种弥漫在地球大气层的混合气体，它与人类的生命活动有着密切关系。

例如，空气中二氧化碳的含量增加，会使地球表面的气温升高，出现"温室效应"，产生气候反常、北极冰川融化、海平面上升等影响。据科学家预测，到公元2030年，如果地球气温比现在高4.5℃，这将使南极的冰层融化，引起海平面上升，最终导致全球性洪水泛滥，后果不堪设想。因此，科学家正在研究预防的办法。

空气中的主要成分

科学研究已经证实，现代空气污染的主要原因是工业生产中释放的大量废气。由于煤和石油等燃料的大量消耗，空气中二氧化硫、氮氧化物、一氧化碳、悬浮颗粒物等有毒有害杂质含量增加，就会给人类带来灾难性的危害。1952年12月的伦敦烟雾事件，四天中死亡人数比常年同期约多4000人。事件发生的一个星期内，呼吸道疾病、支气管炎、冠心病、肺结核和心脏衰弱病患者的死亡人数分别是事件前一周同类死亡人数的3～10倍。

我国近几年私家机动车的拥有量是10年前的几十倍，汽车排放的尾气也逐渐成为大气污染物。空气中的氧气是人类赖以生存的重要物质之一。人类应该使空气保持清洁、纯净、新鲜，减少开车出行，尽量乘坐公共交通工具。只有在清新的环境里人们才能愉快地工作、学习和生活。

3. 二氧化碳的新用途

二氧化碳是空气的成分之一，本身没有毒，但二氧化碳有个怪脾气，如果它在空气中的浓度超过5％，就会刺激人的呼吸中枢神经，使呼吸数量增加两倍，并且有不舒服的感觉。随着现代工业的发展，从工厂排放出来的二氧化碳越来越多。有人认为，二氧化碳是造成"温室效应"的罪魁祸首，二

二氧化碳的新用途

氧化碳常被看作"废物"，甚至当作危险的"敌人"。

通过多年研究，科学家证实二氧化碳也可以对人类作出大贡献。首先，二氧化碳是植物进行光合作用的原料，在光的作用下，二氧化碳与水反应可以转化为碳水化合物和氧气，从而促进植物的生长。因此，在广阔的田野上施放二氧化碳，并且设法延长光照时间，那么，二氧化碳就是理想的气体肥料，这是当代生物工程中的一个重要内容，也是现代农业的新成果，已被广泛应用到农作物生产中。同时，科学家正在研究人工合成叶绿体，如果研究成功，水可以制造出氢气和氧气，再用氢气把二氧化碳还原成甲

醛（HCHO），最后将甲醛合成为糖类。此外，二氧化碳通过光合作用，还能变成羧酸、油脂、氨基酸等，这样宇航员利用自己呼出的二氧化碳，再加上一定量的水，就可以在太空生产粮食了。其次，给二氧化碳一些电子和能量，它会变得更加"活泼"起来，能参加许多化学反应，生产出甲醛、乙烯、甲酸、甲醇等有机物，这些物质都是化工原料。例如，早在1913年，科学家们用α射线照射二氧化碳和氢气的混合气，得到了甲醛。

科学家已经为二氧化碳找到了新用途，它不再是令人厌恶的"温室气体"，而是对化工行业和农业发展都有很大帮助的物质，"废物"也可变成有用的东西。

4. 化学王国中的"孙悟空"——乙烯

乙烯是石化产品，它出生在石油裂化炉，这个裂化炉好像《西游记》里太上老君的炼丹炉，乙烯就像是从炼丹炉里逃出来的孙悟空，有七十二般变化，神通广大。

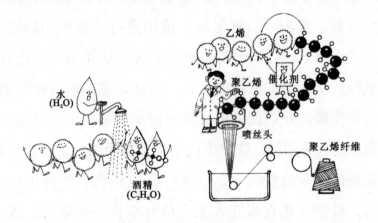

水
(H₂O)

酒精
(C₂H₆O)

乙烯

聚乙烯　催化剂

喷丝头

聚乙烯纤维

生性活泼的乙烯，遇到其他物质，很容易"摇身一变"成了新的"化身"。它与水结合，就会变成酒精；如果先同硫酸反应，再同水反应，也可以变成酒精。如果许多个乙烯手拉手地连接在一起，只要有一定的压力和一些催化剂，就会聚合起来变成聚乙烯。我们日常生活中使用的食品袋，就是聚乙烯薄膜。用聚乙烯做的塑料管，不怕酸碱的腐蚀，又能任意弯曲，比用金属管要方便得多。

聚乙烯还可以制成聚乙烯纤维，聚乙烯是个大分子，在单个聚乙烯分子里，有 2000 多个碳原子。这个分子像是一条又长又窄的长线。聚乙烯液体经过喷丝头喷出，并且一边冷却，就成了聚乙烯纤维。

乙烯和丙烯共同聚合，可以生成一种具有橡胶性质的聚合物，叫作乙丙橡胶。乙烯得到银的帮助，能在空气中氧化成环氧乙烷，再加水反应变成乙二醇，它是制造"的确良"的原料，也可制造防冻剂。

乙烯加上氯化氢，又"摇身一变"为镇痛急救药氯乙烷。乙烯也能生成氯乙烯，从而制成聚氯乙烯树脂。聚氯乙烯树脂能做成各种塑料用品，或者做成聚氯乙烯纤维，再加工成具有保暖防病作用的内衣。

5. 有机界的"骡子"——液晶

随着现代科技的发展，现在市场上的计算器都有许多本领，既可以用来计算，又能显示日历和时间。若要它定时报信，它又能准时发出"嘟——嘟——"的声音。这么多功能都在一块小小的屏幕上映现出来，这块屏幕就是用崭新的显示材料——液晶做成的。

液晶显示器具有清晰、对眼睛的刺激小等特点，那液晶是什么，又是怎样被发现的呢？

1888 年，奥地利有位叫赖尼策尔的科学家，合成了一种奇怪的有机化合物，它有两个熔点。把它的固态晶体加热到 145℃时，便熔成液体，只不过是浑浊的，而一切纯净的物质熔化时却是透明的。如果继续加热到 175℃时，

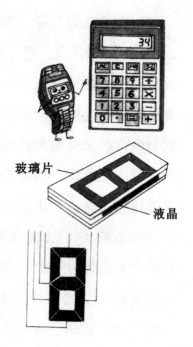

玻璃片

液晶

液晶的应用

它似乎再次熔化，变成清澈透明的液体。后来，德国物理学家雷曼把处于"中间地带"的混浊液体叫作液晶。它好比是既不像马，又不像驴的骡子，所以有人称液晶为有机界的"骡子"。

液晶自被发现以后的 80 年间，人们并不知道它有什么用途，直到 1968 年，人们才把它作为电子工业上的重要材料。

电子表或者计算器中的液晶显示屏为什么会显示出数字呢？原来液晶在正常情况下，它的分子排列很有秩序，是清澈透明的。但是加上直流电场以后，分子的排列被打乱了，有一部分液晶变得不透明，颜色变深，因而能显示不同的数字和

图像。

液晶还具有变色的特性，根据液晶会变色的特点，人们便用它来指示温度、报警毒气等。例如，液晶能随着温度的变化，使颜色从红变绿或变蓝，这样可以指示出某个实验中的温度。液晶遇上硫化氢、氢氰酸之类的有毒气体也会变色。在化工厂里，人们把液晶片挂在墙上起警示作用，一旦有微量的毒气逸出，液晶变色了，就提醒人们赶紧去查漏、堵漏。

6. 最理想的燃料——氢

当今世界面临的几大问题之一是环境污染，大气污染是环境污染的主要体现。汽车、飞机等现代交通工具都是用汽油做动力燃料，大客车和重型机械用柴油做动力燃料，但是汽油、柴油在内燃机里并不能完全燃烧，而且燃烧之后产生的有

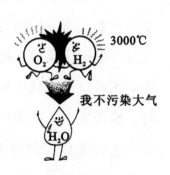

理想燃料——氢

害废气又严重地污染大气。科学家们开始探寻新能源。经过长期研究，认为氢是一种最理想的燃料。

水是氢的"仓库"，用电解的方法可以把水中的氢和氧分离出来，生成氢气和氧气。如果把氢气和氧气重新混合燃烧，就会产生3000℃的高温，同时放出大量的热。燃烧后生成的水对人类也不会产生污染，所以氢是最清洁的燃料。

氢气又是热效率最高的燃料。同汽油相比，重量相等

的氢气在燃烧后产生的热量远多于汽油，并且氢气在空气中燃烧的速度比汽油要快十倍以上。

氢在 -259℃以下才能变成固体。液态氢必须保存在 -253℃的低温中，稍微提高一点温度，就会沸腾。科学家已经想出了很多贮存氢气的方法，但要把它变成汽车和飞机的燃料，仍有不少困难。目前把氢作为燃料的主要问题是氢气的储存和运输。

科学家还在考虑另一种比普通氢气更好的燃料，它是氢的孪生兄弟——重氢。重氢是氢的同位素，学名叫氘，从水中电解出来的氢里有万分之二是氘。每50吨水可电解产生5吨氢气，其中有1千克是氘。1千克氘在发生核反应时，能产生1.8亿千瓦的能量，相当于10千克铀或2万吨煤产生的能量。假如人工能够控制氘的核反应，那么氘便是取之不尽用之不竭的永恒能源。

7. 化肥之源——氮

氮元素是肥料三要素（氮、磷、钾）中的首要一员，庄稼的生长离不开氮。空气中虽有约五分之四体积的氮气，可惜不能直接被植物当作养料吸收。

100多年前，化学家就设想把空气中的氮变成肥料。直到1908年，德国化学家哈伯才找到了利用氮气的方法，就是用氮气和氢气直接化合生成氨，也就是现在合成氨工业中的"哈伯法"。这种方法必须在高温高压和催化剂的条件下，才能把氮气和氢气合成氨气。

后来，人们从豆科植物的瘤菌中得到启示，试图找到一种化合物，让氮气在常温常压的条件下，轻而易举地变成氮肥供植物吸收。自德国科学家经过实验证明根瘤菌具有生物固氮作用以来，西方各国都十分重视根瘤菌的应用。苏联于1935年建起了第一个菌肥厂，实现了根瘤菌工业化，之后英国、美国、法国等也兴起了根瘤菌工业化生产和大面积推广。

20 世纪 70 年代，我国科学家卢嘉锡在研究固氮酶固氮活性中心的结构模型方面取得突出成就。根据卢嘉锡的理论模型合成出的化合物，具有将氮气合成氨的能力，这样固氮的问题就迎刃而解了。这项成果使我国在

根瘤菌怎样固氮

化学模拟生物固氮的研究上达到世界先进水平。

为什么豆科植物的根瘤菌能把氮气变成氮肥呢？科学家从固氮微生物体内分离出固氮酶，对固氮酶的两种蛋白质——钼铁蛋白和铁蛋白进行了研究，才揭开了"庐山真面目"：只有这两种蛋白同时存在，固氮酶才有固氮能力。于是，科学家向固氮微生物学习，利用钼铁蛋白和铁蛋白研究固氮酶的活性中心模型，以便让"模型物"像固氮菌一样，能够在常温常压下把氮气源源不断地制成氨。

生物固氮已成为"热门"课题和农业科研上的重要项目。科学家们一方面要制造出一种能够在温和条件下合成氨的化合物，另一方面又想使其他植物像豆科植物那样自身具备固氮的能力。

8. 能测知年代的同位素——碳-14

埃及的考古学家在离尼罗河不远的山上，发现一座非常古老的谷仓，从谷仓里找到了一些小麦，经科学方法测定，这些小麦大约是六千多年前留下来的。这个时间是用一种放射性同位素碳-14 测定小麦"年龄"后才知道的。

科学家发现，一棵树、一片草叶、一只蜜蜂以及人体中的一点肝脏、一片指甲，在每 6×10^{12} 个碳原子中一定有一个是碳-14 原子。这种原子每分钟能放出 16 个 β 粒子，自己则转变成碳的其他同位素。碳-14 是碳元素的一种具有放射性的同位素，于 1940 年 2 月 27 日由加州大学伯克利分校放射性实验室的马丁·卡门和萨姆·鲁本首先发现。碳-14 原子核由 6 个质子和 8 个中子组成，其半衰期约为 5730 ± 40 年，衰变方式为 β 衰变。由于在有机物中含有碳-14，因此根据它可以确定考古学、地质学和水文地质学样本的年代。

假如生物（植物或动物）活着，碳-14 原子则衰变多少就能补充多少，总保持一定的数量。假如有人砍倒了一棵树，这棵树死了，就不会再补充不断减少的碳-14 了。可是，原来的碳-14 原子还在继续衰变。要知道，从活树上碳-14 原子每分钟放射 16 个 β 粒子逐渐地"衰变"，到只能每分钟放射 8 个 β 粒子，经历这样一个"半衰期"，需要 5730 年。因此，几千年后人们发现了这棵被砍倒的树，锯下一块木头，将它加热变成炭，从中取出 1 克，用放射性探测器测出它每分钟能放射的 β 粒子个数，经过计算就会确知这棵树究竟是在什么时候被砍倒的。埃及考古学家就是用这种方法测知小麦的"年龄"的。

碳－14 法测定年代

9. 五颜六色的金合金

金合金是以金为主要成分与其他元素组成的贵金属材料。黄金是延展性最好的金属。1 克金可以拉成长达 4000 米的细丝。如果用 300 克黄金拉成细丝，可以从南京出发，沿着铁路线一直延伸到北京。一吨黄金拉成的细丝，可以从地球到月球来回五次。

黄金质地软、价格贵、色泽单调，可以压成比纸还薄得多的金箔，厚度只有五十万分之一厘米。这样薄的金箔，看上去几乎是透明的，带点绿色或蓝色。薄到一定程度的黄金，既能隔热，又能透光，所以黄金薄膜可以用作太空人和消防队员面罩的隔热物质。在冬季利用黄金薄膜把太阳辐射中的热射线反射到室中，室内就温暖如春；夏季，在房屋的玻璃窗外贴上一层黄金镀膜，可将太阳的绝大部分热射线反射出去，室内不会闷热。

我的延展性特别好

Au

金合金的延展性特别好

现代的金合金已广泛应用于火箭、超音速飞机、核反应堆和宇宙航行等领域。此外，用金合金制成的金币、金首饰也深得人们的喜爱。我们平时看到的 22K、18K 金首饰，都是含有不同分量的黄金合金。

用黄金做成的合金，会变成金黄色、红色、玫瑰色、灰色、绿色，一直变到白色。绿色的金合金中含 75% 的金、16.6% 的银和 8.4% 的镉。有一种金铜合金，称作红铜；一种金银合金叫红银。这两种合金用盐溶液处理后，就出现紫色或者浅蓝黑色。

10. 分　子

大家都知道，晾着的湿衣服不久就干了；把一滴红墨水滴在一杯水中，可以看到红颜色不断向四周扩散，很快整杯水变成淡红色；大家都知道，放在衣箱中的"卫生球"，是一种叫"萘"的物质做成的，它会逐渐变小，而箱子里的衣物都有它的气味。这些现象都是分子运动的结果。原来，水、萘、氧气等物质，都是由很小很小的分子组成的，分子是保持物质化学性质的最小粒子。

水分子扩散
红墨水
红染料扩散
萘球升华

分子的运动

　　最早提出比较确切的分子概念的化学家是意大利的阿伏加德罗，他于1811年发表了分子学说，认为：原子是参加化学反应的最小质点，分子则是在游离状态下单质或化合物能够独立存在的最小质点。分子是由原子组成的，在化学变化中，不同物质的分子中各原子进行重新结合。

　　自然界中的水，无论是海水、河水、井水，还是雨水，都是由相同的水分子聚集而成的。分子的存在形式可以为气态、液态或固态。冰、雪都是固态的水，它们是由水分子按一定规律排列而形成的。水分子很小很小，喝一瓶汽水，大约要喝进8×10^{24}个水分子。单个的水分子就是用一般的显微镜也观察不到。

　　分子永远处在不停地运动中。湿衣服上的液态水分子扩散到了空气中，衣服就干了，这种现象叫蒸发。红墨水中含有红色的染料，这种染料的分子在水中自由扩散，于是水杯中的水都成为红色的了。固体卫生球的萘分子也能一个个飞入空气中，这种现象叫"升华"。萘的升华使卫生球越来越小，而萘分子充满了衣箱的各个角落，使蛀虫无处藏身。

11. 原　子

原子最早是哲学上具有本体论意义的抽象概念，随着人类认识的进步，原子逐渐从抽象的概念成为科学的理论。

把一粒砂糖分成两半，每一半仍是砂糖；再分成两半，也还是砂糖。经过多次分割，砂糖粒越分越小，但它总是甜的，其他性质也不变。如果不断分割下去，有没有一个限度呢？这是一个古老的难题。古希腊和古代中国都有两种不同意见的争论。一种认为物质可以无限地分割下去，另一种则相反。两种意见谁也无法说服对方。两千多年后，由于科学家提出了分子和原子的概念，这个问题才在一定程度上获得了解决。

把一粒砂糖不断地分割，当分割到某种程度时，就不能再分了。如果再继续分下去，得到的就不再是糖，这个极限就是分子。分子若再分割，就是原子，它没有原来物质所具有的性质。

大部分组成地球及其居民的原子，都是在太阳系刚形成的时候就已经存在了。还有一部分的原子是核衰变的结果，它们的相对比例可以用来通过放射性定年法确定地球的年龄。

如果把一个水分子再分开，可以分为叫作原子的两部分，两个相同的小原子是氢原子，一个大的原子是氧原子。一个水分子就是由两个氢原子和一个氧原子结合而成的。氧原子和氢原子是比水分子更小的微粒。

世界上的物质有数千万种，分子也就有数千万种。但组成各种分子的原子的种类并不多，绝大多数物质都是由十几种主要原子组成的。例如，水分子中有氧原子，空气中的氧气分子中有氧原子，二氧化碳气体的分子中也有氧原子，大气污染物二氧化硫分子中也有氧原子。氧原子和其他原子相结合就形成许多不同的分子。我们把水、氧气、二氧化碳、二氧化硫以及所有物质中含的氧原子合起来叫作氧元素。世界上数千万种物质的分子，就是由 100 多种元素组成的。

12. 微型"太阳系"——原子结构

我们知道，太阳系的中心是太阳，太阳周围的大小行星在围绕太阳不断运动。原子就好像一个太阳系。原子虽然非常小，其直径大约有千万分之一毫米，但它也是由位于原子中心的原子核和一些微小的电子组成，这些电子绕着原子核的中心运动，就像太阳系的行星绕着太阳运行一样。原子核的体积很小，假如把一个原子放大到篮球那么大，原子核也比针尖还小，但是原子核却集中了差不多整个原子的质量。氢原子核是最小的原子核，它的质量是电子质量的 1836 倍。

对于原子内部结构的认识，人们也是历经百年才最终得出了科学的结论。从英国化学家和物理学家道尔顿创立"原子学说"以后，很长时间内人们都认为原子就像一个小得不能再小的玻璃实心球，里面再也没有什么花样了。

从 1858 年德国科学家普吕克发现阴极射线以后，希托夫、克鲁克斯、赫兹、勒纳德、汤姆孙等一大批科学家研究了阴极射线，历时二十余年。最终，汤姆孙发现了电子的存在。通常情况下，原子是不带电的，既然从原子中能跑出比它质量小的带负电的电子来，这说明原子内部还有结构。

原子核体积虽小，但仍是一个复杂的集体。它由两种更小的微粒组成，这两种微粒是质子和中子。质子和中子的质量相同，质子带正电，中子不带电。不同类原子核中含有不同数目的质子和中子。

一个原子核中所含质子的数目，叫作核电荷数。核电荷数相同的同一类原子称为一种元素。自然界的各种元素，按它们的核电荷数排列，核电荷数为几就称作第几号元素。例如氢是第一号元素，氦是第二号元素，氧是第八号元素，等等。

13. 化学语言中的"字母"——元素符号

元素符号是用来标记元素的特有符号，还可以表示这种元素的一个原子，大多数固态单质也常用元素符号表示。

朋友见面握手，表示友好，这是全世界通用的一种

"符号"。同人类表示友好有"符号"一样，化学也有自己的符号，它是化学世界的共同语言。我们初次接触化学，内容复杂，术语繁多，让人理不出个头绪。有了化学符号，掌握其中的规律，化学就变得有章可循，学习就容易了。

在古代，全世界是没有统一的化学符号的。那时候的炼金家们，各人用自己的符号来表示化学物质。例如用中间有一点的圆代表金，圆圈中有一横的代表盐，圆圈中有一竖的代表硝石，用十字架代表醋等。随着化学的发展，发现的化学物质增多了，用以表示物质的符号也就越来越多，甚至同种物质也有几十乃至上百个符号。如此杂乱的符号严重地阻碍了化学的研究、交流和发展。

1860年秋，门捷列夫参加了在德国卡尔斯鲁厄召开的第一次化学家国际会议，这是世界化学界的第一次盛会，各国著名化学家云集卡尔斯鲁厄。当时，化学正处于混乱状态。就化学元素符号而言，是各国各搞一套，有的甚至在同一个国家里，不同的化学家各用一套不同的化学符号。为了统一化学元素符号，使各国科学工作者之间有共同的、统一的化学语言，便于进行技术交流，在卡尔斯鲁厄会议上，各国化学家共同制订和通过了世界统一的化学符号，这些符号一直沿用至今。

一个元素的化学符号，好像英语中的字母。英语共有26个字母，而化学元素符号目前有百余个。

化学元素符号，用这个元素的拉丁文开头字母表示。

有些化学元素的拉丁文开头字母是相同的，就在开头字母旁边写一个小写字母，这个小写字母，是这个元素拉丁文名的第二个字母，如铁写作 Fe，铜写作 Cu。如果元素的拉丁文名第一、第二个字母均相同，那么就用这个元素拉丁文名的第三个字母作为小写字母。例如砷、银、氩三种元素的拉丁文名，第一、第二个字母都是"ar"，它们的符号分别写作 As、Ag、Ar。

元素符号有三个意义：一是代表一种元素；二是代表这个元素的一个原子；三是代表一摩尔该元素的原子。例如，化学符号 Ca 代表元素钙、一个钙原子或者代表一摩尔钙原子。

14. 化学语言中的"词汇"——化学式

截至 2013 年 5 月，经国际纯粹与应用化学联合会（IU-PAC）认可的元素有 114 种。这些元素的原子以不同的方式结合就形成各种各样的分子。世界上的万物都是由这些分子组成的。例如，水是由水分子组成，水分子是由一个氧原子和两个氢原子组成。如果用文字来表达物质的组成，不但非常麻烦，而且各国文字不同，很难统一。自从有了化学式，世界上就有了统一的化学词汇，如水用 H_2O 表

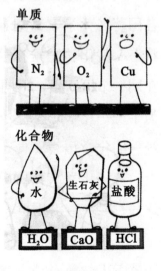

化学式

示，氧气用 O_2 表示，这就简单多了。

化学式是用元素符号表示物质组成的式子，是实验式、分子式、结构式、示性式、电子式的统称。

这种化学王国的统一词汇，是许多年研究的成果。现在，我们可以方便地书写物质的化学式了。单质的化学式，是在组成这种单质的元素符号右下角标上原子的个数，如氮气——N_2，氧气——O_2，铜——Cu。

假如是化合物，只要事先知道组成这个化合物一个分子中各原子的个数，然后依据正价原子在前，负价原子在后的原则，分别标上数字即可。如，水分子为 H_2O，生石灰为 CaO，盐酸为 HCl。

15. 化学王国的"语句"——化学方程式

化学方程式是用来描述各种物质之间的不同化学反应的式子。

化学家用元素符号代表元素，用元素符号的组合——化学式代表各种各样的物质。我们把元素符号和化学式，分别比作英语中的字母和词汇，这比较清晰地表达了元素符号和化学式之间的关系。化学家正是依照这种思想，把化学式用适当的符号（如

水 $\xrightarrow{\text{通电}}$ 氢气+氧气

$$2H_2O \xrightarrow{\text{通电}} 2H_2\uparrow +O_2\uparrow$$

化学方程式

"+""="）联结而成的句子来表示物质间的化学反应，这好像用词汇组成的语句一样，这样的句子就是化学方

程式。

例如，水分解成氢气和氧气的反应，可用下述的化学方程式来表达：

$$2H_2O \xrightarrow{\text{通电}} 2H_2\uparrow + O_2\uparrow$$

这个化学方程式，如果用文字来表达，那就是：2摩尔重36克的液态水分解生成2摩尔重4克的氢气和1摩尔重32克的氧气。这样表示非常繁琐难读。因此，化学中所采用的化学方程式，与元素符号、化学式一样非常简洁明了，而且全世界通用。

世界上的物质千千万万，它们间的化学反应多种多样。如酒精的化学式为C_2H_6O，但这个化学式还可以表示另一种物质——甲醚。因此，只用一个化学方程式还不能完全表达清楚，化学家采用一种以结构式代替分子式表示的化学方程式。再如，水的分解是吸热反应，而氢气燃烧生成水的反应是放热反应，这样，上述的化学方程式又不能表示，于是就改用一种热化学方程式来正确表达。

16. 元素组合中的化合价

一个化学式告诉我们两件事：一是组成该物质的元素种类；二是这些原子在化合物中的数目。例如，氯化钙（$CaCl_2$）这个化学式告诉我们：它由两种元素——钙和氯组成，而且是一个钙原子和两个氯原子结合起来的。

如果把金属钠放到盛有氯气的容器里，并且加热，那么容器里就会有氯化钠生成。我们说这两种物质通过化合反应,"化合"成了一种新物质。又如,氯和铁反应则生成氯化铁。化学家们发现,不论在何种情况下,氯气和钠反应,产物总是氯化钠（NaCl）,而氯和镁反应生成的总是氯化镁（MgCl$_2$）。换句话说,一个氯原子只能和一个钠原子结合,而两个氯原子才能和一个镁原子结合。我们把物质中的原子得失电子或共用电子对偏移的数目,称作它的"化合价"。化合价表示原子之间互相化合时原子得失电子的数目,也是元素在形成化合物时表现出的一种性质。化合价的单位是以氢原子的化合价为标准,由于一个氢原子最多只能跟其他元素的一个原子化合,所以是一价。

元素的化合价还呈现正负性。我们规定氢为 +1 价,那么,能与之结合的其他元素的化合价呈负价。由于一个氯原子只能与一个氢原子结合,所以氯呈 −1 价。依此类推,钠呈 +1 价,铁呈 +3 价。

化合价还有这样一个规则:甲、乙两种元素化合而成的化合物里,甲元素的化合价总数必然和乙元素的化合价总数相等。以 P$_2$O$_5$（五氧化二磷）为例,在这个分子里,磷的化合价×磷原子数 = 氧的化合价×氧原子数。弄清了这个关系,就可以根据元素的化合价来书写化合物的化学式了。例如,已经知道氧是 −2 价,铝是 +3 价,要写出氧化铝的化学式 Al$_2$O$_3$ 就比较容易了。

17. 化学家的"打"——摩尔

我们买电池、袜子和肥皂等物品时,常常用"打"来计数。"打"是通常使用的数量单位，1 打的数量是 12，如 1 打电池就是 12 节电池。

在化学上，也有一个类似的数量单位，叫作摩尔，它是用来计量原子、分子等微粒的数量的，好比是化学家的"打"。摩尔是国际单位制 7 个基本单位之一，属于专有名词，是用来衡量物质微观粒子多少的物理量。不过，化学家所用的"打"代表 6.02×10^{23}，即 1 摩尔等于 6.02×10^{23} 个微观粒子，其数值远远大于 12。因为分子、原子等微粒极其微小，例如，1 克水中就约含有 3.37×10^{22} 个水分子，1 克炭中就有 5.0×10^{22} 个碳原子。这是一个天文数字，书写和记忆都很不方便。假如采用摩尔做计量单位，那么就可以说，1 克水中约含有 0.056 摩尔的水分子，1 克炭中约含有 0.083 摩尔的碳原子，这就方便多了。因为 6.02×10^{23} 这个数字是一位名叫阿伏加德罗的科学家提出来的，所以叫作阿伏加德罗常数。

用摩尔来表示物质的量，也是十分方便的。科学家测得 1 摩尔（1 "打"）的碳原子（指碳 - 12）的质量正好是 12 克。从这里推算出 1 摩尔其他原子的质量也很简单。比如，1 摩尔氢原子的质量是 1 克，1 摩尔铁原子的质量是 55.85 克，1 摩尔氧原子的质量是 16 克等。这里我们还可以看出，1 摩尔任何原子的质量，其数值都等于这种原子的原子量。计算分子的质量、离子的质量都一样方便。所以我们也可以说，摩尔像一座桥梁，把单个的、肉眼看不见的微粒，同数量很大的微粒集体以及可以称量的物质之间联系起来了。用摩尔可以直接描述出化学反应中反应物和生成物之间的数量关系。我们说 1 摩尔碳和 1 摩尔氧气反应，生成 1 摩尔二氧化碳。

18. 同素异形体——金刚石与石墨

同素异形体是由相同元素组成的不同形态的单质。如氧气（O_2）与臭氧（O_3），金刚石与石墨。

1796 年，英国伦敦有位化学家别出心裁地燃烧钻石，闪光的宝石竟变成了二氧化碳气体！这使他获得了一个真理：金刚石是碳的化身。20 世纪初，科学家们又证明石墨和碳是一家。从此证明了坚硬的金刚石与软、脆的石墨、木炭是"孪生兄弟"。

人们总以为光彩夺目的金刚石最贵重，其实这是带杂质的金刚石。纯净的金刚石应该是无色透明的。金刚石比同体积的水重 3.5 倍，又硬得出奇，可以用来刻划玻璃和制作钻机的钻头，开采石油。

石墨是松软的、不透明的灰黑色细鳞片状的晶体，它同金刚石恰恰相反，它是最软的矿物之一。把石墨和黏土混合，就可以用来做铅笔芯。掺的黏土越多，铅笔芯越硬。干电池中的炭精棒，也是它的一种"化身"。

炭黑是极细的碳粉末，是比较纯粹的无定形碳，它在黑色的油墨里充当了颜料的"主角"。

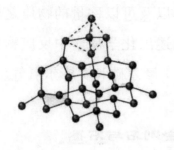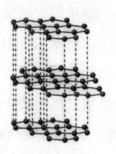

金刚石（左图）与石墨（右图）的不同结构

金刚石、石墨和炭黑有各自不同的外貌，却都是由同一种元素——碳组成的。

为什么由同一种碳原子组成的物质，外貌、性质却大不相同呢？科学家研究后发现，原来是由于原子的排列形式不一样引起的。金刚石的结构中，每一个碳原子周围有四个碳原子，距离都是相等的，原子之间组成一个强有力的整体。而石墨内部的一个碳原子同相邻的四个原子间的距离是不相等的。离得较远的两原子之间的"拉力"较弱，容易断裂"分手"，这样金刚石和石墨就出现了硬和软的不同"个性"。

在化学王国里，同素异形的例子很多，磷、硫等都有同素异形现象。

19. 化学创造的"世界"——化学合成物

古代的炼金术士和炼丹术士是现代合成化学家的先驱，然而他们虽然积累了一些经验，但教训也是很惨痛的。

很早很早以前，中国就有"炼金术""炼丹术"。古代人企图人工制造黄金，炼出"长生不老"的仙丹，结果当然没有成功。到了15世纪，欧洲人把炼金技术与化学知识结合起来，才诞生了医药化学。17世纪，出现了现代化学的萌芽，但直到19世纪初，还流行一些错误的观点。

化学发展起来以后，化学家开始了物质理论的探讨。他们发现生机盎然的五彩世界，其实只是由为数不多的几十种元素以不同的方式组合而成的，人们可以用一些物质通过化学反应制造另一些物质。于是，化学家开始在实验室里进行这种研究，当制造了一些物质以后，又迅速进行工业化生产。到17世纪以后，在现代工业中举足轻重的硫酸、烧碱、合成氨工业便陆续建立了起来。

但是，这些产品都属于无机物。能不能合成有机物——这些以前只能由生命体产生的有机物质呢？在18世纪末和19世纪初，有一种被称为生命力论的学说，认为人工合成有机物是不可能的。有一位年轻的德国化学家维勒经过四年的努力，于1828年合成了尿素这种有机物。维勒的成功使当时的化学家如梦初醒，纷纷加入了人工合成有机物的行列。不久，大批有机物被人们合成了出来。如甘油、柠檬酸、乳酸等。当石油化工产生后，化学家们作出了更伟大的创举：他们合成了塑料、橡胶和人造纤维。这三大合成材料成为改变人们生活的重大因素。

有机合成材料的出现是材料发展史上的一次重大突破。从此，人类摆脱了严重依赖天然材料的历史，在发展进程中大大前进了一步。合成材料与天然材料相比，在很多方面具有更为优良的性能，而且人们可以根据需要，合成出具有某些特殊性能的材料。

化学家以自己的才识和技巧，利用一些不太有用甚至根本无用的物质，制造出一种又一种人们十分需要的产品。现在全世界每年新合成的物质达数十万种以上。这些物质，从最简单的无机物如氨，到高级的、复杂的有机物如胰岛素，无所不包，应有尽有。从我们的日常生活到现代工业、农业、国防和科学技术领域都离不开合成材料。可以说，化学家创造了一个新的物质世界。

二、生活中的化学

1. 不同功能的现代玻璃

从公元 10 世纪阿拉伯人向腓尼基人学会制玻璃技术到现在，已经过去 1000 多年，但制取玻璃的主要原料还是石英砂、纯碱、长石、石灰石等。但是，现代玻璃已不同于易碎、易传热的普通透明玻璃。

化学家发现，如果向原料里掺入着色剂，玻璃就会呈现出颜色。加入不同的着色剂，就会制成不同颜色的玻璃。变色玻璃做窗户，光线强时玻璃变暗，防止刺眼；光线暗时玻璃透明，室内一样明亮。

隔热玻璃，能用来做窗户，隔热效果与一堵 40 多厘米厚的砖墙差不多。还有防弹玻璃，不怕震荡，能够防止枪弹穿过。

化学家还在不断开发各种玻璃新产品，以满足人们不断提高的需求。

2. 蛋白质也会使人中毒

蛋白质是组成人体一切细胞、组织的重要成分。人的机体所有重要的组成部分都需要有蛋白质的参与。一般说，蛋白质约占人体全部质量的18％，最重要的还是其与生命现象有关。蛋白质是生命的物质基础，是有机大分子，是构成细胞的基本有机物，是生命活动的主要承担者，没有蛋白质就没有生命。

人的血液、肌肉、内脏、皮肤、头发都含有蛋白质。人体必须每天摄取一定数量的蛋白质，全身的细胞才能正常活动。假如缺少蛋白质，人就会体弱多病、衰老甚至影响寿命。

豆制品、瘦肉、蛋类、鱼虾等都富含蛋白质，是很好的食物。但蛋白质并不是吃得越多越好，尤其是体弱和术后的病人，多吃含高蛋白的甲鱼、海参等，反而不利于恢复健康。

历史上曾经发生过"蛋白质中毒"事件。1945年6月，一部分原来关在法西斯集中营的人自由了，受到盛宴款待。他们经历了长时间的饥饿后，看到丰盛的菜肴，就狂吃起来。结果不少人因此而丧命。经过研究发现，是由于多吃了富含高蛋白质的食物，引起了"蛋白质中毒"。

因为，人们吃了大量的高蛋白质食物后，要靠人体里的胃蛋白酶等消化酶的帮助，才能把蛋白质分解成氨基酸，输送到身体的各个部位，构成新组织蛋白。氨基酸会分解出一些有毒的氨。健康人的肝脏有分解有毒氨的功能，所以不会中毒。但是较长时间处于饥饿状态的人或是有肝病、肾病和尿道疾病的人，吃了大量的高蛋白质食物，血液中的氨特别多，大大超过了肝脏的解毒能力，就会出现中毒症状。如果氨随着血液进入脑组织，会使脑组织缺乏能量，造成全身代谢停止，轻则使人昏迷，重的会致人死亡。

糖、脂肪可以贮存在人体内，而多余的蛋白质不能贮存在人体内，而是会分解为氨基酸，再变成有毒物质，反而有害健康。

3. 人体的燃料——脂肪

脂类是油、脂肪、类脂的总称。食物中的油脂主要是油和脂肪，一般把常温下是液体的称作油，而把常温下是固体的称作脂肪。脂肪由 C、H、O 三种元素组成。脂肪是由甘油和脂肪酸组成的甘油酯，其中甘油的分子比较简单，而脂肪酸的种类和长短却不相同。脂肪酸分三大类：饱和脂肪酸、单不饱和脂肪酸、多不饱和脂肪酸。脂肪可溶于多数有机溶剂，但不溶解于水。

人体摄入的脂肪在满足能量需要以后，如果还有积余，就会把它贮存起来，供以后使用。在冬天，人吃的食物往往比夏天多，这是因为食物进入人体后，除了消耗一部分外，另一部分就转变为人体自身的物质，其中大多数转变为脂肪。人为了抵御寒冷，就必须分解一部分脂肪产生热量。

多吃含脂肪的食物，不容易饥饿，而且剩余的脂肪藏在身体的皮下，可使肌肤丰满、有弹性。但是，人体内的脂肪过多，会使身体臃肿，甚至引起各种疾病，如各种心脑血管疾病。一般来说，中年以上的人，要少摄入脂肪，避免胆固醇含量升高。儿童和青少年处于生长发育期，可以多摄入脂肪。

4. 人体里的微量元素

人体和地球一样，都是由各种化学元素组成的，存在于地壳表层的 90 多种元素均可在人体组织中找到。根据元素在机体内的含量，可划分为宏量与微量两种：含量占人体总重量万分之一以上的称宏量元素，含量占人体总重量万分之一以下的称微量元素。另外，根据机体对微量元素的需要情况又分为必需微量元素和非必需微量元素。维持人体正常生命活动不可缺少的元素称为必需微量元素。所谓不可缺少，并非指缺少该元素时将危及生命不能生存，而是指缺少时会引起机体生理功能及结构异常，导致发生疾病。目前公认的必需微量元素有：铁（Fe）、铜（Cu）、锌（Zn）、钴（Co）、钼（Mo）、锰（Mn）、钒（V）、锡（Sn）、硅（Si）、硒（Se）、碘（I）、氟（F）、镍（Ni）13种。将微量元素分为必需与非必需、有毒或无害，只有相对的意义。因为即使同一种微量元素，低浓度时是有益的，高浓度时则可能是有害的。

微量元素虽然在人体中的需求量很低，但其作用却非常大。

铁元素在人体中含量约为4—5克。铁在人体中的功能主要是参与血红蛋白的形成而促进造血。在血红蛋白中的含量约为72%。铁元素在菠菜、瘦肉、蛋黄、动物肝脏中含量较高。

铜元素在正常成人体内含量约为100—200毫克。其主要功能是参与造血过程，增强抗病能力，参与色素的形成。铜在动物肝脏、肾、鱼、虾、蛤蜊中含量较高；果汁、红糖中也有一定含量。

锌元素对人体多种生理功能起着重要作用。参与多种酶的合成；加速生长发育；增强创伤组织再生能力；增强抵抗力；促进性机能。锌在鱼类、肉类、动物肝肾中含量较高。

氟元素是骨骼和牙齿的正常成分，可预防龋齿，防止老年人的骨质疏松。含氟量较高的食物有粮食（小麦、黑麦粉）、水果、茶叶、肉、青菜、西红柿、土豆、鲤鱼、牛肉等。但是，过多吃进氟元素，又会发生氟中毒，得"牙斑病"。体内含氟量过多时，还可能引发氟骨病，引起自发性骨折。

硒元素，成年人每天约需0.4毫克。硒具有抗氧化，保护红细胞的功用，并发现有预防癌症的作用。硒在小麦、玉米、大白菜、南瓜、大蒜和海产品中含量较丰富。

碘元素通过甲状腺素发挥生理作用，如促进蛋白质合成；活化 100 多种酶；调节能量转换；加速生长发育；维持中枢神经系统结构。碘在海带、紫菜、海鱼、海盐等物质中含量丰富。

钴元素是维生素 B_{12} 的重要组成部分。钴对蛋白质、脂肪、糖类代谢、血红蛋白的合成都具有重要的作用，并可扩张血管，降低血压。但钴过量可引起红细胞过多症，还可引起胃肠功能紊乱、耳聋、心肌缺血。

铬元素可协助胰岛素发挥作用，防止动脉硬化，促进蛋白质合成，促进生长发育。但当铬含量增高，如长期吸入铬酸盐粉，可诱发肺癌。

5. 第七营养素——纤维

碳水化合物（糖类）、油脂、蛋白质、维生素、水和无机盐（矿物质）是人体所需的六大营养素。"第七营养素"是指在营养素中处在第七位的膳食纤维，虽然它们既不能被体内的消化酶所分解，也不能被机体吸收利用，但却是维护身体健康所必需的。它广泛存在于日常普通的食物之中。青豆、小扁豆、土豆、玉米、韭菜、芹菜、青菜、各种水果以及人们喜欢吃的野菜等食物中都含有丰富的膳食纤维。

牛羊能够靠吃草生存，那是因为牛羊的肠道里有专门消化纤维素的微生物，人的肠道里没有这样的微生物，所以人是无法消化纤维素的。对于人体来说，纤维素是肠道里的过客，但是纤维素等膳食纤维能够促进胃肠的蠕动和排空，所以多吃一些富含膳食纤维的食物，排便就会通畅，并且降低患大肠癌的风险。鉴于膳食纤维与人体健康的密切联系，有的学者把它排列在六大营养素之后，称为"第七营养素"。

6. 食物的酸碱性

医学研究表明，多食用碱性食物对人体健康有利。一般地说，大米、面粉、肉类、鱼类、蛋类等人们常食用的这些食品都是酸性物质。蔬菜、水果、牛奶、山芋、豆制品、土豆等是碱性食品。

研究发现，多吃碱性食物可保持血液呈碱性，使得血液中的乳酸、尿素等酸性物质减少，能防止其在血管壁上的沉积，因而有软化血管的作用。癌细胞生存在酸性环境中，如果人体环境呈微碱性，则癌细胞无法生存，也就不会得肿瘤疾病了。

7. 加碘食盐的使用方法

碘元素是人体必需的元素，缺碘会导致很多疾病的发生，最典型的碘缺乏病，就是甲状腺肿大，俗称大脖子病。碘缺乏还会导致孩子个子长不高、学习能力差、智力发育迟缓。孕妇缺碘会造成流产、早产的发生，新生儿先天性畸形、聋哑。而且孕妇缺碘会直接导致孩子缺碘，进而引起儿童大脑发育障碍，导致智力低下。

食用加碘食盐是消除碘缺乏症的最简便、经济、有效的方法。加碘食盐中含有氯化钠和碘酸钾，人体需要的碘元素就是碘酸钾提供的。但碘酸钾受热或光照时不稳定易分解，从而影响人体对碘的摄入，所以炒菜时要注意：等菜快出锅时再加入碘盐，切勿长时间炖炒。

8. 炒菜时应注意的问题

炒菜时不宜把油烧得冒烟，因为油在高温时容易生成一种多环化合物，一般植物油含的不饱和脂肪酸更容易形成多环化合物。研究证明，多环化合物易诱发膀胱癌。所以炒菜时一般将油烧至五六成热时即可。